Date Due

Goderich			
Seaforth			
00-15-14			

LES PLUS BELLES HISTOIRES
DE LA MYTHOLOGIE
ROMAINE

LES PLUS BELLES HISTOIRES DE LA MYTHOLOGIE ROMAINE

adaptation d'Yvette Métral

FERNAND NATHAN

Texte de K. Usher
Illustrations de J. Sibbick

Sommaire

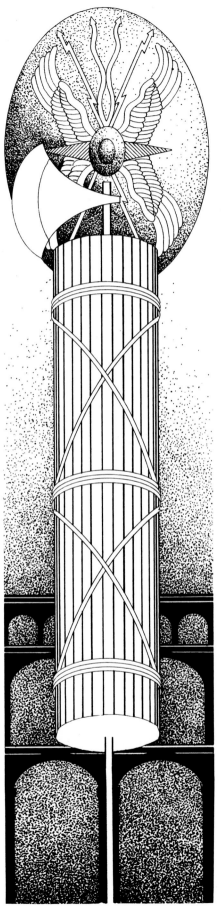

La cité qui conquit le monde

L'ORIGINE ET LES DESTINÉES de Rome comptent parmi les plus étonnantes du monde. D'un hameau de huttes primitives, implanté au bord du Tibre au VIIIe siècle avant Jésus-Christ, allait naître une puissante cité, bientôt maîtresse d'un immense empire (de plusieurs millions de kilomètres carrés) tel que l'Antiquité n'en avait jamais vu.

D'après les historiens modernes, le peuple romain serait originaire d'une contrée d'Asie centrale. Au cours de la préhistoire, de nombreuses tribus migrèrent vers l'ouest, jusqu'en Europe. Un groupe atteignit le nord de la péninsule italique au début du Ier millénaire avant Jésus-Christ et descendit s'établir plus au sud, délogeant par la force les premiers occupants. Parmi les nouveaux venus se trouvaient les Latins qui se fixèrent dans la plaine du Latium, au centre de l'Italie.

Avec son climat tempéré et ses plaines fertiles, la péninsule italique dut paraître hospitalière à ces peuplades. Grâce à la clémence des hivers, les céréales étaient mûres pour la moisson dès le début de l'été, tandis qu'olives et raisins abondaient en automne. Et les vastes pâturages encourageaient l'élevage.

Une de ces tribus latines fonda sa nouvelle patrie sur les rives du Tibre, entre sept collines basses, berceau de la Ville éternelle. Croissant en prospérité et en force, elle allait conquérir peu à peu les territoires avoisinants, jusqu'à ce que toute l'Italie fût passée sous sa domination.

Durant leur période de lente et laborieuse expansion, les Romains entrèrent en contact avec divers peuples, entre autres les Étrusques, race puissante et évoluée, qui occupèrent une grande partie de l'Italie du Nord du VIIIe au Ve siècle, et les Grecs, établis dès le milieu du VIIIe siècle sur les côtes du Sud. Ces deux grandes civilisations, étrusque et grecque, exercèrent une influence considérable sur les Latins et sur les premiers Romains en particulier.

Tout au long du VIe siècle, Rome subit directement la loi étrusque avec le règne des Tarquins. Jusque-là agglomération de villages, elle accéda dès lors au rang de ville véritable. Aux huttes circulaires furent substituées les maisons rectangulaires de style étrusque, les temples aux solides fondations de pierre.

11

Pendant une longue période, Rome eut la chance de n'être jamais vraiment inquiétée par la menace d'une domination étrangère. Elle eut rarement à combattre un adversaire plus puissant qu'elle et triompha sans peine de ses autres ennemis.

Ces succès constants rendirent les Romains sûrs d'eux-mêmes. Gagnant sans cesse en puissance, ils étendirent leur hégémonie d'abord au monde méditerranéen puis à des pays plus lointains.

Toutefois, ces conquêtes exigèrent plus d'un sacrifice. Lorsque Rome défia le pouvoir des colonies établies par les Grecs dans l'Italie du Sud, elle se trouva engagée dans une guerre coûteuse et difficile. Si elle en sortit victorieuse, sa maîtrise totale de la péninsule la mit aussitôt en conflit avec une autre grande puissance : Carthage. D'autres guerres s'ensuivirent, mais les Romains l'emportèrent sur les Carthaginois et étendirent alors leur empire sur la Méditerranée occidentale.

En dépit des troubles sociaux et politiques qui agitaient la nouvelle métropole, sa progression se poursuivit pendant l'ère républicaine et jusqu'au début de l'Empire. Sans cesse, de nouvelles régions étaient acquises par la guerre ou les traités, de sorte qu'au temps de l'empereur Trajan, au début du IIe siècle après Jésus-Christ, ses frontières s'étendaient de la Grande-Bretagne et de la Germanie au nord jusqu'à la Haute-Égypte et la chaîne de l'Atlas au sud, et de l'océan Atlantique à l'ouest jusqu'à l'Arménie et la mer Caspienne à l'est. Derrière les armées conquérantes venaient les gouverneurs, les fonctionnaires civils, les ingénieurs, les architectes, les marchands. Chaque cité reproduisait le modèle de Rome. En Espagne comme en Gaule, les citoyens jouissaient des mêmes droits, étaient assujettis aux mêmes devoirs que ceux des provinces d'Afrique du Nord et de Syrie. Toutes les parties de ce vaste empire étaient unifiées par un système commun de gouvernement et reliées entre elles par un immense réseau de routes. Les esclaves fournissaient une main-d'œuvre utile et efficace, et les classes aisées employaient leurs loisirs à cultiver les arts et à jouir d'une vie de luxe.

C'est aux premiers siècles de l'ère impériale que revient le mérite d'avoir établi la *Pax romana*, la paix romaine, dans l'ensemble des territoires conquis. La plupart des provinces bénéficièrent d'une période sans troubles. Si les impôts étaient élevés, du moins servaient-ils à entrete-nir une armée efficace qui protégeait les frontières contre l'envahisseur. La paix signifiant la prospérité, partout les citoyens étaient reconnaissants à Rome de ce bienfait.

Rome avait étendu sa puissance et son influence sur des contrées qui englobaient maints grands foyers culturels du passé. Elle subit à son tour l'influence de ces civilisations étrangères. Les provinces orientales étaient imprégnées de culture grecque ; Rome fit sien l'héritage hellénique, qui développa son goût pour les arts, l'architecture et les lettres de la Grèce antique. Les Romains empruntèrent également à sa religion et à sa pensée philosophique, et puisèrent dans sa mythologie élaborée.

L'établissement de nouvelles relations commerciales encouragea les marchands des vieilles cités de l'Orient à expédier vers Rome une grande variété de produits de luxe parmi lesquels les étoffes de soie, les épices, le bitume et la myrrhe. De ces provinces orientales affluèrent aussi les savants, les artistes, les professeurs.

L'apport de l'Afrique n'était pas négligeable non plus. À cette époque, le Nord africain et l'Égypte produisaient d'abondantes récoltes de grain qu'on envoyait chaque année à Rome en grandes quantités. De toutes les provinces, c'était l'Égypte qui excitait le plus l'imagination des Romains. Terre riche en blé et en or, elle représentait aussi, pour certains, un paradis oriental de la haute Antiquité, peuplé d'animaux exotiques et orné de temples grandioses. Certes, pour conquérir et conserver un empire aussi vaste, il fallait que les Romains aient été doués d'un caractère et de qualités hors du commun. Et sans doute devaient-ils cette trempe exceptionnelle aux épreuves qui marquèrent leur entrée dans l'histoire.

Les premiers Romains furent des pionniers de l'agriculture, qui eurent à lutter pour maintenir l'ennemi à distance de leurs terres. C'étaient des travailleurs endurants, robustes, disciplinés et résolus. Ils se caractérisaient aussi par un fidèle attachement à leurs dieux protecteurs, à leur communauté et à leur propre famille. Les générations suivantes héritèrent de cet idéal qui forgea leur morale et leur conduite.

En effet, le profond respect des traditions et du passé constitue un trait fondamental du caractère romain.

On observait scrupuleusement le culte des ancêtres qui, croyait-on, veillaient constamment sur les destinées de la famille. Cette vénération était enracinée au cœur même de la religion et de la vie sociale.

Les légendes concernant les premiers héros de la race et les exploits qu'ils accomplirent connurent une popularité indéfectible, d'autant qu'elles accréditaient la croyance selon laquelle les Romains étaient, dès l'origine, appelés à vivre un grand destin. Dans ces récits épiques, ils apparaissent toujours invincibles, remportant la plupart des batailles, grâce tantôt au secours de leurs dieux, tantôt à la supériorité de leur vaillance et à leur fermeté inébranlable. Une défaite est considérée comme le châtiment divin d'une faute ou comme un rappel à l'ordre et à la vigilance. Courage, discipline, sens du devoir, telles sont les vertus qu'on voit œuvrer à la grandeur de Rome.

Bon nombre de ces légendes furent religieusement transmises d'une génération à l'autre par voie orale. D'autres furent mises par écrit sous le règne de l'empereur Auguste. Des écrivains tels que l'historien Tite-Live, les poètes Virgile et Horace disposaient d'un riche matériau de légendes, de contes populaires, de mythes, mais aussi de faits historiques réels, lorsqu'ils entreprirent de chanter la gloire de la Rome ancienne.

Soulignons toutefois que les Romains ne furent pas créateurs de mythes comme les Grecs. Ils ne concevaient pas leurs divinités sur le mode humain et ne leur consacrèrent, dans les tout premiers temps, ni temples ni statues ; plutôt croyaient-ils que telles choses ou tels événements possédaient une sorte de pouvoir surnaturel.

Leurs divinités ne reçurent une personnalité quasi humaine qu'après que les Romains furent entrés en contact avec les proches colons grecs et leurs voisins étrusques, marqués eux aussi par l'influence hellénique. Toutefois, les vieilles légendes se maintinrent longtemps avec leur cortège de rites magiques et de superstitions. Rites et cérémonies cultuelles tenaient une large place dans la religion romaine comme dans les activités quotidiennes.

Comme ces esprits et ces puissances surnaturelles qu'ils croyaient reconnaître dans la nature et le monde n'étaient pas conçus d'une manière anthropomorphe, une mythologie purement romaine ne put jamais voir le jour. Ce peuple dont les sentiments religieux se fondaient sur la famille et la patrie pouvait se passer de mythes : la geste de ses héros ancestraux lui suffisait.

Le besoin de créer une mythologie comparable à celle des Grecs n'apparut que plus tard. Les poètes Virgile et Ovide connaissaient et aimaient le folklore et les légendes italiques. Ils voyaient que Rome s'était élevée jusqu'à la grandeur à partir de très humbles débuts et étaient persuadés que cette grandeur ne cesserait de croître. Pour célébrer son œuvre glorieuse, ils s'inspirèrent donc de leurs thèmes nationaux tout en les présentant à la manière grecque. Ce sont ces thèmes qui fournissent la matière de la plupart des contes de cet ouvrage.

Les premiers chapitres concernent les dieux et les déesses vénérés par les Romains et décrivent maintes traditions et pratiques de leur religion.

Vient ensuite une transcription de récits tirés de l'*Énéide* de Virgile et qui racontent comment les divinités présidèrent à la fondation de Rome.

Les chapitres suivants s'inspirent des écrits de l'historien Tite-Live et évoquent Romulus, fondateur légendaire de Rome, puis les rois qui lui succédèrent. Les prouesses des héros fameux qui contribuèrent à la grandeur de Rome complètent ce thème. Le livre s'achève sur deux séries de contes qui, bien qu'écrits à la manière des Grecs, se déroulent dans un cadre essentiellement italien.

Si remarquable que fût l'œuvre accomplie par les Romains dans l'Antiquité, leur empire ne pouvait durer éternellement. Les invasions de hordes barbares venues du nord et de l'est, autant que la décadence du pouvoir central expliquent son effondrement.

L'Empire se disloqua, mais les Romains avaient marqué d'une empreinte ineffaçable les régions conquises, et l'on peut y admirer aujourd'hui encore les vestiges de leur passage et les réalisations de leurs ingénieurs. Rome servit aussi de cadre à l'essor du christianisme, la religion qui survécut à son déclin et grâce à laquelle put parvenir jusqu'à nous une part non négligeable de la culture romaine.

La dette du monde moderne à l'égard de Rome est immense, tant dans le domaine de la langue et du droit que dans celui de la politique, de l'architecture, de l'art et des lettres.

Divinités rustiques

Dès l'époque archaïque, les Romains furent des agriculteurs, vivant près de la terre, dépendant d'elle pour leur subsistance et leur prospérité. Ces paysans étaient profondément sensibles à la présence du surnaturel dans le monde qui les environnait. Le changement des saisons et du temps, les mystères de la procréation, de l'enfantement, de la croissance, tous ces phénomènes dépassaient leur entendement, échappaient à leur contrôle ; ils les intriguaient et leur inspiraient une crainte respectueuse.

On comprend dès lors comment ces hommes en vinrent à croire à une puissance magique (qu'ils appelaient *numen*, volonté divine), présente partout et en tout, et se manifestant à chaque étape de l'existence. On pouvait la percevoir dans toutes les activités de la ferme, dans le travail quotidien effectué dans la maison familiale, comme dans la maturation et le développement des enfants.

Pour mieux définir les divers aspects de cette puissance confuse, pour canaliser son énergie dans une direction favorable, on attribua un nom à chacune de ses manifestations. Il y eut Vesta, déesse du feu domestique, Neptune, dieu des sources et de la pluie fertilisante, Terminus, protecteur des bornes dans les champs, Consus, gardien du grain engrangé, et bien d'autres.

Ces influences se montraient dans l'ensemble bienfaisantes. Elles demeuraient sous le même toit que la famille, sur le même arpent de terre. Si l'on vivait en paix avec elles dans l'observance des rites et l'offrande de sacrifices, en retour elles protégeaient des génies mystérieux ou maléfiques qui hantaient les lieux sauvages, au-delà des champs cultivés, et elles récompensaient les paysans en leur assurant bonnes récoltes et beau bétail.

Au début, ces puissances qui présidaient aux activités de la nature et de l'homme étaient des êtres imprécis, dépourvus de personnalité. Ils étaient à l'origine des événements, ou plus exactement ils étaient ces événements mêmes. Peu à peu, les mentalités évoluèrent, notamment sous l'influence de la culture hellénique, dont la riche mythologie évoque de façon si pittoresque les aventures des dieux et des déesses.

14

Les Romains, à leur tour, prêtèrent une forme humaine à leurs divinités, entre autres à Flore, la déesse des fleurs, et à Pomone et Vertumne, l'une patronne des vergers et surtout des pommiers, l'autre dieu des saisons, et dont l'histoire est contée à la fin de ce livre. D'autres encore se virent attribuer un caractère, mais rares sont celles qui ont leur légende. Dans la plupart des cas, on se borna à identifier les dieux grecs avec les dieux italiques ou romains, en reprenant leur histoire. Jupiter, le maître des cieux, fut confondu avec Zeus, père des dieux grecs de l'Olympe ; Cérès, la déesse des céréales, avec son équivalent grec Déméter. Saturne le Semeur, probablement un ancien dieu de l'agriculture, fut assimilé à Cronos, maître des Titans. La Terre Mère était commune aux deux peuples. Nommée *Gê* chez les Grecs, elle était appelée *Tellus Mater* par les Romains.

Varron, écrivain romain, commence son livre sur les travaux des champs par une invocation adressée aux douze divinités qui interviennent dans ces activités. Il les distribue par couples : en tête figurent Jupiter, le Ciel Père, et Tellus, la Terre Mère, qui, ensemble, gouvernent toutes choses ; puis Sol (le Soleil) et Luna (la Lune) qui président aux semailles et aux moissons. Le troisième couple associe Liber (la Boisson, et en particulier le Vin) à Cérès (la Nourriture) : ils jouent un rôle essentiel dans la subsistance de l'humanité. Robigus, génie malfaisant qui provoque la rouille des céréales, et Flore qui assure leur épanouissement, forment le quatrième couple. Viennent ensuite Minerve et Vénus, protectrices l'une de l'olivier, l'autre des jardins. Nympha, qui dispense l'eau nécessaire aux plantes, et Bonus Eventus, déesse qui couronne de succès les efforts du laboureur, ferment ce cortège.

Varron mentionne aussi deux des fêtes célébrées en l'honneur de ces dieux campagnards, les *Robigalia* (pour Robigus) et les *Floralia* (pour Flore). Mais d'autres fêtes se déroulaient tout au long de l'année, les *Ambarvalia*, par exemple, au cours desquelles on traçait un cercle magique autour de la ferme. Au jour fixé, le paysan et ses gens, vêtus de blanc et couronnés de rameaux d'olivier, faisaient accomplir à un agneau un triple tour sur les limites du champ. Puis ils le sacrifiaient tout en récitant les prières adéquates, et en demandant à Liber et Cérès d'accorder généreusement la nourriture et le vin pour l'année qui débutait et de les protéger de

tout mal. Certaines parties de l'animal étaient brûlées sur l'autel. Alors seulement commençaient les réjouissances. Ces rites avaient pour but d'encourager les bonnes influences veillant aux destinées de la ferme, et de neutraliser les forces malfaisantes.

Les lieux sauvages, forêts et pâturages qui s'étendaient au-delà des champs, n'étaient pas moins peuplés de dieux. Ainsi, l'on vénérait Faunus qui, à l'instar du Pan grec, était associé aux troupeaux de moutons, aux bergers, au bétail. Les faunes, dotés d'un corps humain mais de pattes de chèvre, vivaient avec lui dans les bois. Silvanus, « celui qui hante les forêts », avait la réputation d'être dangereux. Diane régnait dans les bois et sur les montagnes. Cette ancienne déesse italique fut assimilée aux deux déesses grecques Artémis et Hécate. On lui rendait un culte dans les forêts et les bosquets, près des sources et des rivières, et ses fidèles étaient le plus souvent des femmes. On la vénérait encore comme déesse de la chasse et de la clarté lunaire.

Même quand Rome fut devenue une ville, le vrai Romain resta paysan dans son cœur ; c'est du moins la thèse que Varron défend avec ardeur dans son ouvrage. Il décrit longuement l'histoire de l'agriculture, insiste sur le fait qu'il y eut des paysans sur terre bien avant que n'existent les bâtisseurs de cités. Alors que la construction des villes est due au talent des hommes, la campagne, elle, est le don des dieux et la mère véritable de toutes choses. Les laboureurs, dit-il, sont les descendants de Saturne le Semeur, et leur tâche est utile et bonne, car ils œuvrent de concert avec les forces qui dispensent la vie et qui façonnent la terre.

De nombreuses fêtes, telles les *Ambarvalia*, furent à l'origine liées à la vie de la campagne, mais trouvèrent ensuite place dans le calendrier officiel de la grande cité romaine.

Chaque année, en février, on célébrait à Rome les Lupercales. Elle se déroulaient au pied du Palatin, devant la grotte consacrée à Lupercus, le dieu tueur de loups : vêtus de peaux de chèvres et de chiens immolés, les prêtres (ou « luperques ») se livraient à une course au cours de laquelle ils frappaient la foule avec des lanières de peau. Primitivement, cette fête fut certainement un rite destiné à éloigner les loups qui attaquaient les troupeaux. Par la suite, elle eut pour but de chasser les esprits malfaisants de la ville et d'assurer la fécondité des femmes.

Les dieux domestiques

Au cœur de la religion romaine se trouvait la famille, le plus petit groupe social au sein de la communauté. Comme toute autre collectivité, elle se sentait liée aux divinités par un contrat mutuel en vertu duquel ces puissances devaient accorder leur aide à ceux qui observaient rigoureusement le culte défini par les ancêtres.

Le chef de famille, *pater familias*, était le prêtre chargé d'accomplir les rites domestiques. Les cérémonies se déroulaient dans le laraire, sorte de sanctuaire installé dans un angle de l'atrium ou dans le péristyle. Il abritait des statuettes représentant les Lares, âmes des fondateurs de la famille. Chaque jour, on leur adressait des prières accompagnées d'offrandes : encens, aliments, vin...

D'autres dieux lares habitaient les champs environnant la maison. Les terres étant traditionnellement divisées en parcelles régulières, l'intersection de quatre parcelles formait le *compitum* ou carrefour, où était érigée une petite chapelle ouverte aux quatre côtés, de sorte que le dieu lare de chaque propriété puisse entrer et sortir à sa guise. Quatre autels l'entouraient. Lorsque s'achevait la saison agricole, on célébrait les *Compitalia*. Une charrue était suspendue au-dessus de ce sanctuaire, accompagnée d'une poupée de bois pour chaque personne libre vivant à la ferme, et d'une balle de bois pour chaque esclave. Le lendemain, un sacrifice était offert, suivi de réjouissances. Ce rite était censé apporter vie et santé à la terre comme à ses habitants.

Dans les villes, les pâtés de maisons tenaient lieu de champs, et des autels dédiés aux Lares locaux se dressaient aux carrefours. Les familles du quartier s'assemblaient pour une fête annuelle qui durait trois jours et débutait par le sacrifice d'une poule. On rapporte que cette cérémonie engendrait régulièrement des rixes.

La protection des dieux lares, patrons des carrefours, s'étendait naturellement aux routes et aux voyageurs de toutes sortes, soldats et marins inclus.

17

Tout comme les Lares domestiques gardaient la maison et la ferme, de même ces Lares protégeaient le territoire romain et tous ses citoyens. Outre les Lares domestiques, la famille vénérait encore les Pénates — qui veillaient sur le *penus* ou le garde-manger — et Vesta, la déesse du foyer. On les honorait quotidiennement de prières et d'offrandes, et, lors des fêtes, on ornait l'autel des Pénates et le foyer de guirlandes de fleurs.

Les premières habitations ne comportaient qu'une seule pièce pour toute la famille. Elle abritait le foyer, le laraire et le lit nuptial. Par la suite, on lui adjoignit d'autres pièces mais la tradition voulut que le lit demeurât dans la salle principale, de sorte qu'on pouvait toujours l'y voir, placé face au seuil. Personne ne l'utilisait car il appartenait au *génie* (littéralement « celui qui engendre »), *numen* ou force vitale qui assurait la continuité de la famille. Ce chef de famille spirituel garantissait la conservation du nom et protégeait du malheur. Chaque *pater familias* possédait son *génie* qui le rattachait à ses ancêtres et qui se transmettait de père en fils. Peut-être le *génie* partageait-il le lit sacré avec une partenaire. Car si un *génie* appartenait toujours à un individu mâle, la femme possédait elle aussi sa Junon protectrice.

La notion de *génie* déborda rapidement le cadre domestique. Une ville, une légion, une association de marchands avaient le leur propre. Rome aussi avait le sien qui la guidait et la protégeait. Tous les empereurs, depuis Auguste, eurent leur *génie* qui, plus que leur personne même, devint l'objet d'un culte.

La porte d'entrée de la maison était également placée sous la tutelle d'un dieu. Tous ses éléments : piliers et linteaux, seuil, et le battant lui-même avec ses gonds, étaient habités par la puissance surnaturelle du *numen*. L'acte de franchir un seuil était chargé d'une signification magique. Ouvrir ou fermer la porte, entrer ou sortir, pouvait entraîner des conséquences bonnes ou mauvaises, selon la volonté du dieu Janus, le dieu des portes et des passages, présent aussi aux portes de la cité. À Rome, Janus revêtit une grande importance. Il avait son temple sur le Forum ; en temps de guerre, on en laissait ouvertes les lourdes portes, que l'on refermait une fois la paix rétablie. Janus était représenté avec deux visages, l'un regardant devant lui (l'avenir), l'autre derrière lui (le passé). Janvier, mois des commencements, lui était consacré.

En effet, les commencements de la vie avaient une signification particulière. Lors d'une naissance, maintes divinités mineures assistaient Junon, la grande déesse des femmes : Cumina protégeait l'enfant au berceau, Statulinus lui apprenait à se tenir debout, Rumina à têter. Educa et Potina veillaient à ce qu'il ne s'étrangle pas en mangeant et en buvant. Enfin, Fabulinus présidait à son apprentissage de la parole. Le nouveau-né était posé à même le sol, puis soulevé par son père. On purifiait la maison des influences néfastes, et des actions de grâce engageaient les dieux à protéger l'enfant.

Une fois sortis des langes, les enfants participaient avec les parents aux rites domestiques. Le garçon apprenait les prières et rites dédiés aux dieux de la maison, la fille aidait sa mère à honorer Vesta et à entretenir le foyer. Vers l'âge de seize ans, une cérémonie marquait la sortie de l'enfance. La bulle porte-bonheur que l'enfant portait suspendue à son cou depuis sa naissance était offerte aux dieux domestiques, et le garçon abandonnait la toge prétexte bordée de pourpre pour revêtir la toge virile blanche. Les filles accédaient à l'âge adulte par le mariage. Celui-ci s'entourait de tout un rituel symbolique, destiné à écarter les maléfices, en particulier au cours du trajet qui menait de la maison du père à celle de l'époux. La fiancée n'y pénétrait que soulevée par ses compagnes : ses pieds ne devaient pas toucher le seuil.

Enfin, les *Saturnalia*, fêtes très anciennes, étaient célébrées chaque année par toutes les familles. Consacrées à Saturne, dieu des semailles et des moissons, elles se déroulaient les derniers jours de décembre et débutaient par un sacrifice dans le temple du dieu. Les jours suivants, on échangeait les cadeaux et on organisait toutes sortes de jeux, notamment des jeux de hasard qui avaient un grand succès. Mais surtout, ces fêtes étaient l'occasion très brève d'un renversement de la hiérarchie sociale. En effet, on accordait aux esclaves la plus grande liberté. Coiffés du bonnet des affranchis, ils étaient servis par leurs maîtres au cours du banquet qui suivait les cérémonies.

Bien plus tard, les Saturnales furent remplacées par la fête chrétienne de Noël.

Au temps des Romains, les Saturnales étaient une période où l'on commémorait le lointain âge d'or, cette époque bienheureuse où Saturne régnait sur le Latium et où tous les hommes vivaient dans l'abondance et l'harmonie.

Les dieux de la cité et de l'État

ROME, PETITE COMMUNAUTÉ tribale, s'était transformée avec le temps en une cité surpeuplée qui contrôlait une vaste région. À l'avènement d'Auguste (vers la fin du Iᵉʳ siècle avant Jésus-Christ), environ un million d'habitants y vivaient, entassés dans des milliers d'immeubles nauséabonds et construits hâtivement. Outre la promiscuité, ils connaissaient déjà la crise de l'emploi et du logement, les loyers élevés, les rues encombrées de chevaux, de chars, de piétons, la pollution due aux fumées et une hygiène publique précaire : en somme, les problèmes mêmes dont souffrent nos métropoles modernes. Centre politique et commercial, Rome était aussi le lieu de résidence de la société riche et influente. À côté des quartiers pauvres et sordides, se dressaient de beaux bâtiments publics, temples, thermes, théâtres, palais, et la campagne environnante était bâtie de villas somptueuses appartenant à la classe aisée qui venait y passer l'été.

À mesure que Rome croissait en importance et en puissance, ses dieux connaissaient la même évolution. Nombre de divinités, honorées par la famille et les communautés rurales primitives, devinrent les dieux et les déesses de la cité, puis de l'État tout entier. Vesta, patronne du foyer domestique, fut promue gardienne du feu sacré de la cité. Cette divinité ne fut jamais représentée par une image d'aucune sorte : sans doute l'assimilait-on au foyer lui-même. Le feu sacré, rallumé chaque mois de mars, était entretenu tout le reste de l'année par les vestales, jeunes filles consacrées dès l'enfance à la déesse. Le temple rond de Vesta contenait non seulement le foyer, mais encore certains objets sacrés — peut-être des statues très anciennes — appelés les Pénates du peuple romain et auxquels était lié le salut de Rome et même de l'Empire. À travers tout le monde romain, furent bâtis des temples dédiés à Vesta, où brûlait ce feu éternel. S'il lui arrivait cependant de s'éteindre, l'événement était interprété comme présage d'un grand malheur national, tant le culte de Vesta avait fini par être identifié à la puissance invincible de Rome.

Les autres figures importantes du panthéon romain étaient représentées par Junon, Minerve, Cérès, Diane, Vénus pour les déesses, Jupiter, Mars, Apollon, Mercure et Neptune pour les dieux.

La construction des temples, l'entretien des prêtres, la célébration des rites incombaient à l'État qui ne laissait au citoyen ordinaire qu'une participation minime à la religion officielle.

Le culte se célébrait généralement dans les temples, qui s'ornaient chacun d'une grande statue de la divinité à laquelle ils étaient dédiés. Mais d'autres cérémonies pouvaient se dérouler hors des sanctuaires, sur des autels spécialement dressés pour l'occasion.

Si le public ne jouait qu'un rôle passif dans l'accomplissement des rites, en revanche il participait intensément aux nombreuses fêtes échelonnées au long de l'année. Ces jours fériés étaient l'occasion de « jeux » spectaculaires, qui se tenaient dans des arènes et des cirques dressés à cet effet. Les plus anciens jeux romains comportaient des concours d'athlètes, des courses de chars. Ils furent remplacés par la suite par les combats de gladiateurs où des lutteurs professionnels s'affrontaient jusqu'à ce que mort s'ensuive, quand ils ne luttaient pas avec des prisonniers de guerre, voire des bêtes féroces.

Augures et haruspices interprétaient les signes par lesquels les dieux faisaient connaître leurs volontés. Les premiers « prenaient les auspices », c'est-à-dire qu'ils observaient les signes apparaissant dans le ciel : vols d'oiseaux, tonnerre, éclairs, etc. Les seconds examinaient les entrailles d'animaux sacrifiés. Ces experts officiels de la divination assistaient les magistrats chargés de prendre des décisions importantes concernant la vie publique, par exemple le départ en campagne des légions. On les consultait aussi si quelque phénomène naturel insolite survenait.

Le dieu suprême était Jupiter, roi et père des dieux, qui offrait tant d'analogies avec le Zeus des Grecs qu'il finit par lui être totalement assimilé. Maître du ciel, il engendrait la lumière, l'aube, le clair de lune, gouvernait le temps. Maître de la foudre, il distribuait le tonnerre, l'éclair, la pluie fertilisante. L'éclair était le signe puissant par lequel il se manifestait ; et les objets frappés par la foudre, certains arbres en particulier, lui étaient consacrés et devenaient intouchables. Ses attributs étaient la foudre et l'aigle, emblèmes adoptés par les légions romaines.

Dans les temps archaïques, certaines pierres, considérées comme des pierres de foudre, furent associées à Jupiter dieu du tonnerre. À Rome,

une pierre appelée « pierre de pluie » était utilisée pour faire pleuvoir lors d'une fête dédiée à Jupiter, maître de la pluie. Et c'est encore de pierres qu'on se servait lors de la conclusion de promesses solennelles, de contrats, de traités, car Jupiter, garant des serments, veillait au respect de la justice et de la vérité. Envisagé sous cet aspect, il protégeait les lois des nations et celles de Rome en particulier. C'était le défenseur du peuple, le patron et le maître de tout ce qui était romain.

Comme Mars, Quirinus et d'autres divinités importantes, il avait son collège particulier de prêtres, les flamines « majeurs », qui étaient astreints à des règles très strictes dont certaines peuvent paraître étranges, et qui remontent à la plus haute antiquité : interdiction de voir ou nommer une chèvre, de monter à cheval, de passer sous les sarments de vigne ; les pieds de leurs lits devaient être enduits d'une couche de glaise, etc. Le principal sanctuaire de Jupiter à Rome, dédié à Jupiter Optimus Maximus (le Meilleur, le Suprême), se dressait sur le Capitole. Sa statue le représentait en général triomphant. Deux autres salles du temple étaient consacrées respectivement à Junon et à Minerve.

En tant qu'épouse de Jupiter, Junon régnait sur le ciel et la lumière, plus spécialement celle de la lune, et correspondait à la Grecque Héra. Sous cet aspect, on la vénérait depuis des temps très anciens. Elle présidait le commencement de chaque mois et les naissances. Les matrones voyaient en elle leur protectrice majeure. Sa fête la plus importante, les *Matronalia*, se célébrait le 1ᵉʳ mars. À cette occasion, on la représentait en mère tenant une fleur dans une main, un enfant dans l'autre. Les femmes allaient prier et porter des offrandes dans son temple ; à leur retour, elles recevaient des cadeaux de leurs maris et servaient leurs esclaves, comme le faisaient les hommes lors des Saturnales.

Junon présidait aussi aux mariages et favorisait tous les aspects de la vie conjugale. Juin — le mois de Junon — était l'époque privilégiée des unions.

Minerve, associée à Jupiter et Junon dans la triade capitoline, était, comme son homologue grecque Pallas Athéna, déesse de la sagesse et des arts, et patronne des artisans qui célébraient sa fête (les Quinquatries) en mars, conjointement aux artistes, savants, professeurs et écoliers. Ce jour-là, qui marquait la fin d'une année scolaire et le début de la suivante, les

enfants avaient congé et les maîtres recevaient leur salaire annuel. Minerve avait deux autres temples, l'un sur le mont Caelius, l'autre sur l'Aventin, rendez-vous officiel, celui-là, des acteurs et des poètes.

Identifié plus tard au dieu grec de la guerre Arès, Mars est une divinité typiquement romaine qui, chez les peuples italiotes, tenait la seconde place après Jupiter. Un mois lui était dédié et l'on célébrait son culte sur le champ de Mars, lieu d'entraînement des troupes, situé à l'extérieur de l'enceinte sacrée, où les citoyens en armes n'avaient pas le droit de pénétrer. À la différence de Jupiter qui pouvait intervenir dans le combat par des moyens surnaturels, Mars présidait à la force physique, aux armes, au courage, en somme aux moyens propres à assurer la victoire. Il était symbolisé par une lance sacrée conservée dans une chapelle de la « maison du Roi », et par un bouclier merveilleux, l'ancile, que l'on disait tombé du ciel au temps de Numa. Comme on craignait qu'un ennemi ne tentât de dérober ce talisman (et avec lui la protection de Mars), on en fabriqua onze autres absolument identiques de sorte qu'un voleur éventuel eût été incapable de discerner le vrai. Lorsqu'un conflit éclatait, ce qui arriva fréquemment pendant la période d'expansion romaine, on invoquait Mars en ces termes : « Mars, éveille-toi ! », et l'on frappait les boucliers sacrés avec la lance. Pendant les combats, on lui offrait de nombreux sacrifices pour obtenir son assistance et sa faveur.

Selon la très ancienne légende de la fondation de Rome, Mars était le père des jumeaux Romulus et Remus, dont il protégea la vie en envoyant la louve, un de ses animaux sacrés, veiller sur eux. Dans l'esprit des Romains, cet intérêt manifesté dès l'origine à l'égard de Rome par le dieu Mars ne se démentit jamais par la suite : c'est à lui qu'ils attribuaient leurs nombreux succès militaires. L'empereur Auguste lui-même le gratifia du titre de « Mars Vengeur ».

Dès l'époque archaïque, Mars fut aussi considéré comme une divinité agraire, Mars Silvanus, protectrice de la nature et de la fertilité de la terre. Ses attributs étaient alors le loup et le pivert. Le paysan l'invoquait lors de la purification (*lustratio*) de ses champs pendant les *Robigalia*, afin qu'il préservât ses blés de la rouille. Il lui sacrifiait aussi un cheval pour qu'il assurât la croissance des germes, après les semailles d'automne.

21

Certains ont expliqué cette double fonction, militaire et agricole, par le fait que la saison guerrière, comme les travaux des champs, débutait au printemps, en mars précisément, et s'achevait en même temps. Il faut cependant souligner que le paysan, lorsqu'il invoquait Mars, s'adressait surtout au combattant seul capable de défendre ses moissons contre toutes les formes d'agression, pillage de l'ennemi ou attaque de la végétation par les maladies ou les parasites.

Quoi qu'il en soit, Mars incarnait admirablement le caractère du peuple romain, à la fois défricheur de forêts, agriculteur et guerrier.

Originellement dieu guerrier de la tribu voisine des Sabins, Quirinus formait une triade avec Jupiter et Mars. Plus tard, on le confondit avec Romulus, fondateur de Rome et divinisé après sa mort. Quirinus avait son temple sur le mont Quirinus ainsi que son collège de flamines et ses fêtes particulières. Président à l'arrêt des combats et au rétablissement de la paix, il était en quelque sorte la figure complémentaire de Mars.

Incarnation romaine du Grec Hermès, le messager des dieux, Mercure patronnait les échanges commerciaux et jouait un rôle important dans le monde romain. Quant à Apollon, dieu guérisseur, il fut introduit de Grèce à Rome lors d'une épidémie, et sans que l'on changeât son nom. Toutefois, il ne prit une réelle importance qu'à partir d'Auguste auquel il était apparu lors de la bataille d'Actium pour lui promettre la victoire. L'empereur dédia des temples à Apollon pacificateur et civilisateur, protecteur du nouvel ordre social qu'Auguste s'efforçait d'établir.

On ne saurait clore cet aperçu du panthéon romain sans citer Vénus qui figure dans certains de nos récits. Ses origines sont obscures : on ne sait ni quand ni comment elle fut assimilée à Aphrodite, la déesse grecque de l'amour. On la considéra d'abord comme la mère d'Énée et, plus tard, comme l'ancêtre de la lignée julienne. Jules César lui-même s'en proclamait le descendant. Elle reçut le titre de *Venus Genitrix*, ou Mère du peuple romain. En tant que telle, un temple bâti en 46 avant Jésus-Christ lui fut consacré sur le Forum, et des jeux annuels étaient donnés en son honneur. Patronne des amants, on l'invoquait pour adoucir les peines d'amour et favoriser le bonheur de ses protégés.

La popularité de Fortuna, déesse du hasard, déborda très tôt les limites de Rome. Son sanctuaire était bâti sur le Tibre ; lors des fêtes annuelles du 24 juin, des foules entières y accouraient. À la différence d'autres cultes, celui-ci admettait aussi bien les citoyens libres que les esclaves. Selon la nature du bénéficiaire de ses faveurs, elle recevait des titres distincts, tels que Fortune des Hommes, des Femmes, des Jeunes Filles, de l'Empereur, de l'État, de la Famille, etc.

Cité dominant une bonne partie du monde alors connu, Rome se devait d'avoir sa patronne spécifique, *Dea Roma*, dont le culte était lié à celui des empereurs. Le Tibre lui-même était placé sous la protection de Tiberinus, fort révéré. Deux légendes évoquent ce dernier. L'une raconte comment un ancien roi, Tiber, se noya en traversant le fleuve qui s'appelait en ce temps-là Albula. À sa mort, il devint le dieu du fleuve auquel il donna son nom. L'autre histoire se rattache à la légende des jumeaux Romulus et Remus : leur mère, noyée dans le fleuve, en châtiment d'une faute, fut sauvée de la mort par le dieu Tiberinus qui en fit sa reine et la déesse du fleuve.

Divinités infernales

Comme tant d'autres civilisations, les Romains se sentaient profondément concernés par la mort et portaient un grand intérêt au sort des défunts. Ceux-ci risquaient d'exercer un pouvoir redoutable à l'encontre des vivants, une sorte d'influence néfaste qui ne pouvait être dissipée que par l'observance très stricte des rites ancestraux. Ces rites aidaient également l'âme des morts à passer sans encombre du monde des vivants au monde des dieux mânes.

Le corps du défunt était apprêté soigneusement, puis porté sur un brancard jusqu'au lieu de sa sépulture. Parents, amis, serviteurs, formaient le cortège funèbre. On ensevelissait les morts au bord des routes, à la sortie de la ville. Il arrivait aussi que les défunts fussent enterrés au coin d'un champ, sur leurs propres terres. Ordinairement, la dépouille était incinérée sur un bûcher, puis ses cendres rassemblées dans une urne et déposées en terre. Mais souvent le corps était inhumé sans avoir été brûlé au préalable. Ce qui importait avant tout c'était précisément la mise en terre : elle seule empêchait que l'âme du défunt ne revînt hanter la maison et terroriser les vivants ou leur porter malheur.

On attribuait au feu un pouvoir purificateur, souverain contre ces mauvaises influences. De là sans doute proviennent le rite de l'incinération et la coutume d'allumer des torches lors des funérailles qui, pourtant, avaient lieu le jour. Après l'enterrement, la maison du défunt était purifiée par l'eau et par le feu. La famille observait un deuil de neuf jours, et offrait un sacrifice aux dieux lares.

Les funérailles d'un personnage important comportaient un rituel plus complexe. Ordinairement, les familles fortunées exposaient en permanence sous leur toit des masques de cire à l'image de leurs aïeux. Lors d'un enterrement, des acteurs revêtaient ces masques. Cette coutume spectaculaire avait une fonction des plus graves : elle symbolisait la présence des ancêtres dans le cortège qui accompagnait le mort jusqu'au tombeau de la famille. À de rares exceptions près, les sépultures furent toujours situées en dehors des murs de la ville.

Une fois ensevelis, les morts n'étaient pas oubliés pour autant : en février, mois des purifications, la fête des *Parentalia* honorait leur mémoire. On visitait et fleurissait leurs tombes et, de même qu'au jour des funérailles, on y déposait des aliments et du vin. Si l'on négligeait de le faire, les Mânes affamés sortaient, croyait-on, de leur séjour souterrain.

En mai se déroulaient les *Lemuria*, autre fête d'un caractère funèbre. Les lémures, ou mauvais esprits, passaient pour quitter à cette époque de l'année leur demeure souterraine et revenir hanter leur ancienne résidence, ce qui s'accompagnait de conséquences désastreuses. Le poète Ovide a décrit le rituel qu'accomplissait chaque maître de maison afin de renvoyer ces revenants dans l'au-delà : il se levait à minuit, se lavait les mains et mettait neuf fèves noires dans sa bouche. Pieds nus, il arpentait sa maison, crachant un à un les haricots tout en prononçant la formule magique : « Avec ceci, je me rachète, moi et les miens. » On pensait que les revenants suivaient ses pas et mangeaient les fèves. Sans regarder derrière lui, l'homme se purifiait à nouveau les mains, frappait un gong, et prononçait par neuf fois une seconde incantation. Il regardait enfin autour de lui : les fantômes, exorcisés, devaient avoir disparu.

Les traditions archaïques de l'Italie contiennent relativement peu d'indications concernant la nature exacte des lieux où les esprits des morts étaient censés se rendre, et celle des divinités qui régissaient cet empire. Dans ce domaine, la mythologie grecque se montre infiniment plus détaillée, et les Romains lui empruntèrent bon nombre d'éléments pour décrire les Enfers et leurs dieux. Le maître souverain du monde inférieur reçut différents noms : c'était tantôt Orcus (de *horkos* qui, en grec, signifie serment), celui qui entraîne les morts vers son mystérieux et sombre royaume ; tantôt *Dis Pater*, tantôt Hadès et Pluton, noms d'origine grecque. Mais Pluton ne désignait pas seulement le seigneur ténébreux des Enfers ; en grec, *ploutos* veut dire « riche », aussi Pluton régnait-il encore sur les trésors enfouis dans la terre.

On comprend dès lors pourquoi il fut associé aux deux grandes déesses de la fertilité, Cérès, la mère des céréales (la Déméter des Grecs), et sa fille Proserpine (ou Perséphone). D'après la légende grecque reprise par les Romains, Proserpine était en train de cueillir des fleurs dans une prairie lorsque Pluton vint à passer par là. À la vue de sa beauté, il décida de faire de la jeune fille son épouse et, l'enlevant sur son char, l'emporta au royaume souterrain. Cérès, folle de douleur, cherchait partout sa fille disparue. Son désespoir était si grand qu'elle en oublia ses obligations divines : les céréales ne germèrent pas, les arbres et les fleurs se flétrirent, la campagne devint désertique, tandis que la malheureuse mère se rongeait de chagrin.

Lorsqu'enfin Cérès découvrit l'endroit où sa fille était retenue captive, elle envoya le messager des dieux plaider sa cause auprès de Pluton. Non sans réticence, celui-ci finit par accepter de libérer Proserpine, mais à la condition qu'elle fût restée à jeun pendant toute sa captivité. Or, par ignorance, la jeune fille avait avalé sept pépins de grenade : il fut donc décidé qu'elle passerait trois mois de l'année au royaume des morts et reviendrait sur terre à chaque printemps. Depuis lors, la terre connut les hivers, car Cérès se détournait d'elle à chaque disparition de sa fille. Ce n'est qu'au retour de Proserpine que les fleurs recommençaient à s'épanouir, et les céréales à sortir du sol gelé.

Durant l'Antiquité, différents lieux furent considérés comme l'entrée des Enfers. La tradition romaine situait celle-ci en Italie du Sud, aux abords de l'Averne, lac volcanique proche de Cumes. Quant aux descriptions du royaume sur lequel régnaient Pluton et Proserpine, elles sont en grande partie empruntées à la mythologie grecque. Ultime séjour des mortels, les Enfers sont souvent dépeints comme un lieu hanté de monstres, de fantômes, et de tous les méchants esprits de l'univers.

Après la mort, l'âme pénétrait dans cet immense et sinistre domaine souterrain, et devait franchir en barque un fleuve aux eaux sombres. Le nocher Charon lui réclamait une obole pour prix de son passage. Aussi plaçait-on sur la langue des morts une pièce de monnaie afin qu'ils puissent payer leur voyage à bord de la barque de Charon.

Sur l'autre rive lointaine du fleuve, l'accès vers les Enfers était gardé par Cerbère, féroce chien de garde à trois têtes. Plus loin, la route se divisait en deux chemins, l'un menant au Tartare, lieu de terribles châtiments, tandis que l'autre passait par le palais de Pluton et conduisait aux Champs Élysées, pays de l'éternelle lumière où ceux qui avaient vécu selon le bien goûtaient à jamais la félicité.

Les dieux venus de l'Orient

LA RELIGION officielle de Rome peut nous sembler formaliste et solennelle. Minutieusement réglée dans les moindres détails par les autorités religieuses et politiques, elle exigeait peu de participation du fidèle ordinaire qui ne devait pas chercher à établir des rapports personnels avec les dieux. En cela, elle nous paraît manquer quelque peu de mystère. Les divinités remplissaient chacune leurs fonctions dans un domaine bien défini : la prospérité agricole, les saisons, la guerre, la famille, l'État. La piété, la stricte observance des rites recevaient leur récompense en ce monde, la mort étant considérée comme la conclusion définitive de l'existence personnelle.

À mesure que l'Empire s'agrandissait, les Romains découvraient des systèmes religieux fort différents du leur, et les traitaient, dans l'ensemble, avec tolérance. L'influence de croyances et de pensées étrangères se fit d'ailleurs sentir avant même que Rome ne se fût lancée dans ses conquêtes. Parallèlement à l'apport hellénique, de loin le plus important, il y en eut d'autres qui provenaient de la région appelée de nos jours le Proche-Orient. Divers cultes orientaux arrivèrent à Rome, certains dès le IIe siècle avant Jésus-Christ, apportant avec eux des croyances et des rites qui connurent aussitôt une grande popularité, notamment l'adoration de la Grande Mère.

L'an 205 avant Jésus-Christ allait marquer un tournant dans la guerre contre les Carthaginois (Carthage se trouvait approximativement sur le site de l'actuelle Tunis). Très puissants en Méditerranée occidentale, les Carthaginois défendirent vigoureusement leur hégémonie et s'opposèrent farouchement aux Romains tant sur mer que sur terre. Rome avait remporté déjà quelques victoires mais Hannibal, le chef carthaginois, contrôlait encore une partie de l'Italie et menaçait Rome. Effrayés, les sénateurs décidèrent de consulter les *Livres sibyllins*. Ces recueils fort anciens contenaient des prophéties qu'on ne lisait qu'en cas de réel et grave danger. En cette occasion, elles révélèrent que l'ennemi serait vaincu à condition de faire venir d'Asie Cybèle, la Grande Mère. Le sanctuaire de cette déesse était situé à Pessinonte, ville d'Asie Mineure et principal foyer de son culte.

Cybèle y était honorée sous la forme d'une pierre noire non taillée.

On ignore quelle fut la réaction des habitants de Pessinonte lorsqu'ils durent céder la pierre sacrée, mais elle fut dûment transportée jusqu'à Rome et logée dans un temple sur le Palatin, où elle demeura plus de cinq cents ans. Et, peu après son arrivée, Hannibal abandonnait le territoire italique.

Cybèle n'était qu'un des nombreux noms attribués dès les temps archaïques à la Grande Mère par différents peuples. Mère des dieux et de toute la création, elle représentait la force bienveillante et protectrice, à l'œuvre dans la nature et la vie humaine. Toutefois, le culte de Cybèle comportait un autre aspect, concernant celui-là tout ce qui était magique, mystérieux, mettant en œuvre des forces qui dépassent l'entendement, en somme cette dimension mystique qui manquait à la religion romaine de la famille et de l'État. Junon avait bien le caractère d'une déesse mère, mais son pouvoir était restreint, comparé à celui des dieux guerriers ; en outre, elle s'intéressait davantage au côté pratique de l'existence qu'aux forces cachées de l'univers. Même le *numen*, censé présider aux actions humaines, était une force, une volonté impersonnelle qui n'exigeait du croyant que le respect des rites.

Bien qu'il ne fût pas accepté par tous avec le même enthousiasme, le culte de Cybèle vint certainement combler certaines aspirations latentes chez le peuple romain. Ses rites et ses cérémonies, désapprouvés par quelques-uns, seront peu à peu romanisés, disciplinés.

Il n'empêche qu'une grande fête annuelle dédiée à cette déesse, et qui durait du 15 au 27 mars, conservait ce caractère violent et pathétique. Son rituel symbolisait l'histoire légendaire de Cybèle et d'Attis, un berger phrygien auquel la déesse vouait un amour sauvage. Dans un accès de folie, provoqué par la jalousie de Cybèle, Attis s'était mortellement frappé d'un couteau. La déesse le ressuscita pour l'emmener avec elle sur son char à l'attelage de lions. Les rites de cette cérémonie étaient donc calqués sur les épisodes de la légende. Un pin sacré, fraîchement coupé, emblème de la blessure d'Attis, était porté solennellement au temple. Suivait une journée de deuil, puis le Jour du Sang au cours duquel les adeptes de ce culte exécutaient des danses qui se terminaient dans le délire : ils se fouettaient, se lacéraient de coups de couteau, en mémoire d'Attis. Après une nouvelle nuit de deuil venaient les *Hilaria* où l'on célébrait la résurrection du berger. Deux jours plus tard, on baignait l'effigie de la déesse.

Souvent se déroulait aussi un sacrifice dénommé « taurobole » (sacrifice d'un bœuf), rite d'initiation qui permettait au néophyte de « renaître » dans une sorte de baptême de sang. Le fidèle se tenait dans une fosse, tandis qu'au-dessus de lui, sur une plate-forme, on égorgeait un bœuf. Le sang ruisselait sur son corps ; alors, tel Attis ressuscité, c'était un homme nouveau, un être « re-né » qui émergeait de la fosse.

En dehors de ces cérémonies, il existait d'autres rites secrets réservés aux seuls initiés, tel le festin d'immortalité, qui faisaient du culte de Cybèle une religion séduisante et tout auréolée de mystère. Assurément, les sectateurs de Cybèle et d'Attis avaient le sentiment de participer au grand drame de la mort et de la renaissance, à la remontée de l'âme humaine vers le séjour des dieux. Contrastant fortement avec la religion romaine traditionnelle, le culte de la Grande Mère offrait à ses croyants la possibilité d'une communication directe et intime que lui refusaient les médiateurs officiels.

Parmi les autres cultes qui répondaient à ce besoin d'une religion personnelle, il faut bien sûr faire une place au culte égyptien d'Isis. Dans les premiers temps de l'Empire, les Romains, nous l'avont dit, avaient été fascinés par cette Égypte plusieurs fois millénaire qui leur semblait, à maints égards, si étrange. Il existait à Rome un engouement pour tout ce qui était égyptien, y compris la religion. Le culte d'Isis était déjà largement répandu à travers les pays méditerranéens lorsqu'il atteignit l'Italie vers le IVe siècle avant Jésus-Christ. À Rome, sa popularité se maintiendra pendant des siècles, en dépit des efforts de l'État pour le bannir de la cité. Il attirait les couches inférieures de la société et les nombreux étrangers qui résidaient en Italie. Finalement, la classe dirigeante et les empereurs eux-mêmes finirent par l'adopter, ce qui lui assura un succès durable.

Isis était en quelque sorte la version égyptienne de la Grande Mère, une autre Cybèle en somme. Comme cette dernière, elle était associée à une divinité complémentaire masculine, le dieu Osiris qui, tout comme Attis, était mort puis ressuscité.

Selon le mythe ancien, Osiris et Isis étaient à la fois frère et sœur, et mari et femme. Ils quittèrent leur royaume céleste pour venir vivre sur la terre. Osiris devint un roi puissant mais son frère Seth, en proie à la jalousie, le fit périr. Il l'enferma ensuite dans un coffre qu'il fit jeter dans le Nil. Isis partit à la recherche de son époux et retrouva son cadavre qu'elle ramena un temps à la vie par l'artifice de sa magie. Mais Seth ayant découvert la chose, dépeça le corps d'Osiris en quatorze morceaux qu'il dispersa à travers le pays. Reprenant sa quête, Isis les retrouva tous à l'exception d'un seul. De l'union d'Isis et d'Osiris naquit un fils posthume, Horus, qui devait bientôt venger son père.

Le dieu Osiris se vit attribuer le royaume des morts, mais ce n'était pas là sa seule fonction ; il était aussi la puissance vitale du règne végétal qui se cache dans la terre pour ressusciter périodiquement. Pour les Égyptiens qui croyaient à la survie dans l'au-delà, il symbolisait donc l'immortalité, et sa mort et sa résurrection jouaient un rôle essentiel dans le rituel qui lui était consacré.

Dans le monde romain, Isis, épouse et mère éternelle, connut plus de popularité que son divin conjoint et fut sans peine assimilée aux autres figures de déesse mère, si répandues pendant la période archaïque. Les cérémonies du culte étaient secrètes, et dépourvues de la sauvagerie caractéristique des rites de Cybèle. À travers son initiation et grâce à Isis, le néophyte accédait à une renaissance d'ordre spirituel.

Apulée, dans son roman *l'Âne d'Or* écrit au IIe siècle après Jésus-Christ, raconte en partie les « mystères » d'Isis sans en dévoiler toutefois les secrets. Lucius, le jeune héros de l'histoire, se trouve changé en âne grâce à l'effet magique d'un « charme ». Il ne pourra reprendre forme humaine que s'il mange des roses. Or, tandis qu'il cherche cet antidote, il est enlevé par des brigands et entraîné dans maintes aventures amusantes. À la fin, Isis lui apparaît et lui ordonne de manger les roses que portera son prêtre le lendemain, lors de sa fête de printemps. La métamorphose s'effectue comme promis et le jeune Lucius, devenu un adorateur fervent de la déesse, est ensuite initié aux mystères de son culte. Par la bouche de son héros, Apulée, lui-même initié, nous décrit quelques-unes de ses expériences religieuses, déclarant qu'il a approché le royaume de la mort, vu le soleil resplendir au milieu de la nuit, et adoré les dieux de près. Après la cérémonie, il apparut à l'assemblée vêtu en dieu du soleil. En tant que prêtre d'Isis, il passa le reste de sa vie au service de la déesse et sous sa protection.

Un autre de ces cultes à mystères, très répandu aux temps des Romains, était le mithraïsme, originaire de la Perse antique. Il se fondait essentiellement sur l'idée que les forces du bien et du mal se livrent un combat perpétuel. S'il arrive au bien de triompher, les deux forces s'équilibrent à tel point que la lutte, dans laquelle les hommes ont un rôle important à jouer, ne peut être que féroce.

Le dieu Mithra (beaucoup plus ancien que le mithraïsme) était un dieu de la lumière et de la vérité. Parmi les nombreux mythes qui se rattachent à lui, le plus important est celui qui évoque le sacrifice d'un taureau. Sur l'ordre du dieu Soleil, Mithra égorgea à contre-cœur un taureau sacré. À la mort de la victime, le monde naquit et avec lui le temps. La cape de Mithra devint les cieux, cloutés d'étoiles et de planètes, tandis que du taureau sortaient les plantes et toutes les créatures vivantes, les quatre éléments, les saisons. Le sang répandu apportait de grands bienfaits que les puissances du mal s'efforcèrent d'anéantir. Le combat entre ces forces adverses qui commença à cette époque ne doit s'achever qu'à la fin des temps.

Notre connaissance des mystères mithriaques demeure très imparfaite. Nous savons qu'ils étaient réservés aux hommes et offraient certains aspects typiques des sociétés secrètes à caractère militaire : d'où l'attirance que le mithraïsme exerça sur les légionnaires romains. Cette religion exigeante mettait l'accent sur le combat contre le mal ; elle comportait des règles de conduite bien établies, et des rites destinés à éprouver le courage et la résolution de l'adepte.

Véhiculé par les soldats, le mithraïsme s'étendit jusqu'aux frontières extrêmes de l'Empire. Ainsi a-t-on découvert en Angleterre des vestiges de sanctuaires mithriaques, l'un à Londres, un autre près du fort de Segontium (Caernarvon), trois autres près du mur d'Hadrien, mais aussi en France, à Bourg-Saint-Andéol notamment.

Il ressort clairement que tous ces cultes à mystères offrent des points communs : le dieu ou la déesse sont bienveillants à l'égard de l'homme, souffrent comme lui, et affrontent la mort pour renaître à une vie nouvelle ; le néophyte doit subir des épreuves d'initiation et observer un code moral très strict, une vie heureuse l'en récompensera après la mort ; enfin, les divinités ont des rapports étroits avec les astres, en particulier le soleil. Tel fut le terrain religieux complexe où le christianisme allait s'enraciner et s'épanouir.

La légende d'Énée

« JE CHANTE les batailles et ce héros qui, condamné par le sort à l'exil, le premier s'en vint de Troie jusqu'aux rivages de Lavinium, en Italie. Tout au long de sa route, sur mer et sur terre, il fut accablé de tourments par les puissances célestes, à cause de la haine que lui vouait Junon. Longtemps aussi, il eut à endurer les souffrances de la guerre, avant de fonder une ville et d'offrir à ses dieux une nouvelle patrie dans le Latium. De là allaient sortir toute la race latine, les rois d'Albe et Rome elle-même. »

C'est à peu près en ces termes que Virgile commence son poème épique de *l'Énéide*, l'histoire d'Énée, prince de Troie. Troie était une cité de Troade (une région de la Turquie moderne), et les épisodes de sa longue guerre contre les Grecs étaient bien connus des Romains. Ils étaient fiers de faire remonter leur origine à ce prince échappé de sa cité vaincue, qui fit voile vers l'Italie pour y devenir le père fondateur du peuple romain.

Virgile (en latin Publius Vergilius Maro) entreprit la composition de son *Énéide* aux environs de 30 avant Jésus-Christ. Ce fut sa dernière œuvre, qu'il laissa d'ailleurs inachevée quand il mourut, onze ans plus tard. Juste avant de mourir, il avait prié ses amis de brûler le manuscrit, mais l'empereur Auguste lui-même s'y opposa et le fit publier. On range généralement *l'Énéide* parmi les épopées, longs poèmes qui content les hauts faits d'êtres surhumains, les héros, qui communiquent avec les dieux. Virgile s'inscrit donc dans une vieille tradition. Le plus ancien poème de ce genre que nous connaissions est *l'Épopée de Gilgamesh*, œuvre babylonienne qui date de quelque quatre mille ans. Plus célèbres encore sont *l'Iliade* et *l'Odyssée* du poète grec Homère.

Elles évoquent, elles aussi, la guerre de Troie et les événements qui suivirent, mais envisagés du point de vue grec.

L'*Énéide* est un récit très animé, plein d'aventures, de passions et de drames. C'est aussi le compte rendu d'un voyage, qui comporte d'authentiques détails concernant la navigation et la géographie, et de vivantes descriptions d'armées au combat.

On y trouve encore la descente d'Énée aux Enfers, son séjour au royaume des ombres, où il découvre l'avenir prestigieux promis à sa descendance. On peut donc lire ce poème comme une histoire passionnante, mais il est plus que cela et certains passages possèdent un sens caché.

Virgile se proposait donc d'écrire l'histoire du grand ancêtre de Rome, non seulement fils d'une déesse mais encore protagoniste de la fameuse guerre de Troie. Des traditions légendaires évoquaient ce personnage, et Virgile sut utiliser ce matériau avec habileté et invention. Ces légendes semblent bien être fondées sur des faits authentiques appartenant à des époques très anciennes. D'après de récentes découvertes archéologiques, il n'est pas impossible que des navigateurs venus des environs de Troie, en Asie Mineure, se soient fixés çà et là en Italie, et l'arrivée d'Énée sur les côtes latines ne relève peut-être pas de la pure fiction.

On ne trouve pas que des hommes ou des héros parmi les personnages de l'*Énéide*, mais aussi des dieux et des déesses qui prennent une part active au déroulement de l'action. Vénus, la déesse de l'amour, veille anxieusement sur son fils que Junon, de son côté, poursuit de son ressentiment. Jupiter s'efforce de maintenir la paix, et Neptune lui-même intervient quelquefois. Sans doute Virgile était-il convaincu que les affaires humaines sont soumises aux décisions divines... Cela devait être aussi vrai pour lui et ses contemporains que pour les Grecs et les Troyens, quelque mille ans plus tôt.

L'action de l'*Énéide* commence la nuit même de la prise de Troie et de sa mise à sac par les Grecs. Toutefois, pour vous présenter le héros Énée et son père Anchise, il est nécessaire de faire un retour en arrière dans la mythologie grecque. Anchise était roi de Dardanie, cité voisine de Troie ; jeune homme, il aimait errer dans les montagnes, loin de la ville. Une nuit, il s'abrita dans une hutte de berger, sur le mont Ida, pour dormir. Or, Jupiter désirait apparemment humilier sa fille Vénus en lui inspirant une passion pour un mortel, et le bel Anchise lui sembla un excellent choix. Conformément au décret du maître de l'Olympe, Vénus s'éprit d'une folle passion pour Anchise, et vint le visiter la nuit, après avoir revêtu l'apparence d'une princesse humaine. Elle partagea sa couche et, le lendemain, au moment de le quitter, lui révéla ses origines divines. Elle promit de le protéger, lui et le fils qui naîtrait de leur union, à condition toutefois qu'il gardât cette union secrète. La déesse donna ainsi le jour à Énée, mais Anchise ne put résister à la tentation et se vanta d'avoir reçu les faveurs de la déesse. Jupiter, courroucé, voulut anéantir l'orgueilleux mortel d'un coup de foudre, mais Vénus l'aimait encore et détourna le trait mortel qui frappa le sol près de lui. Anchise ne fut qu'estropié et boita le restant de ses jours.

Lorsque la guerre éclata entre Troyens et Grecs, Énée et ses compatriotes se rangèrent aux côtés de la cité troade ; c'est sur cet événement que commence notre histoire.

Les hostilités durèrent dix longues années pendant lesquelles les adversaires se disputaient la possession d'une femme très belle, la plus belle au monde, disait-on. Elle s'appelait Hélène. Pâris, fils de Priam le roi de Troie, était tombé amoureux d'elle alors qu'il était l'hôte de son mari Ménélas, et il avait réussi à la convaincre d'abandonner son foyer pour le suivre.

Furieux, Ménélas n'eut plus qu'un désir : se venger. Puissant roi de Sparte, il en possédait les moyens. Il rassembla les rois amis et alliés, et, avec leurs navires de guerre, ils firent voile en direction de Troie.

Cette cité, riche et influente, contrôlait de vastes territoires. Elle était bâtie sur une colline, près de l'Hellespont (Bosphore), ce détroit qui sépare l'Europe de l'Asie. Les Grecs vinrent ancrer leur flotte sur ce rivage, au pied même des murs de Troie, et y établirent leur siège.

Les deux camps étant de force égale, la guerre traîna en longueur sans que la victoire penchât d'un côté ou de l'autre. Pâris refusait toujours de rendre Hélène à Ménélas, ce qui provoquait des conflits incessants parmi les princes troyens. Assiégés autant qu'assiégeants, tous les hommes étaient las de se battre et souhaitaient en terminer rapidement.

Pourtant les combats se poursuivaient toujours. Puis un jour fatal se leva, apparemment aussi radieux que les autres ; les Troyens, comme à

l'ordinaire, examinèrent le rivage où se dressaient les lignes ennemies. Ils n'en crurent pas leurs yeux : le campement, habituellement grouillant d'activité, n'était plus qu'une ruine fumante et déserte. Les navires qui mouillaient dans les parages avaient disparu. La mer était vide. Les Grecs étaient partis avec armes et bagages. Pourtant, ils n'avaient pas tout emporté : dans la plaine que dominait la cité, se dressait un énorme cheval. Un cheval en bois. Croyant la guerre terminée, les Troyens laissèrent éclater leur joie. Ils ouvrirent toutes grandes les portes de la ville et se répandirent sur le rivage, pour admirer l'étrange animal de bois, silencieux et massif. Nul d'entre eux ne se doutait que dans le ventre de la bête étaient en ce moment tapis des guerriers grecs choisis parmi les plus vaillants, et qui guettaient en silence le succès de leur stratagème. Une grande discussion s'engagea entre les Troyens sur ce qu'il convenait de faire.

« C'est une offrande à Athéna, suggéra quelqu'un. Aussi devrait-on la transporter dans la ville et la placer dans le temple de la déesse. »

« Méfions-nous des Grecs ! rétorquaient les sceptiques. Ce cheval de bois est tout simplement un piège né de leur ruse. Brûlons-le ici même, sur le rivage ! »

Le débat se poursuivit longtemps avant que les Troyens ne se rallient à la première proposition. On apporta des cordes et des roues afin de traîner l'animal de bois jusqu'au temple. Il fallut démanteler en partie la porte qui donnait sur la mer pour que le cheval pût passer. Enfin, on l'amena au cœur même de la citadelle, on le tira devant le temple de Pallas Athéna, et, aussitôt, les guirlandes fleurirent partout, de grandes réjouissances débutèrent pour célébrer l'avènement de cette paix tant désirée. Aucun parmi eux n'était conscient du danger qui couvait dans les entrailles de la mystérieuse statue. Pourtant leur destin à tous était scellé.

Après les grandes fêtes de ce jour, le sommeil descendit sur les habitants de Troie. La nuit était calme, très sombre. Rien ne bougeait plus dans la citadelle, mais au loin, sur la mer, hors de vue du rivage, la flotte grecque veillait. Au signal convenu, elle revint silencieusement vers la terre. Les hommes à l'intérieur du cheval sortirent de leur cachette et ouvrirent les portes de la ville, livrant Troie à la fureur de leurs compatriotes.

Cependant, Énée et les siens dormaient paisible-

ment quand le tumulte éveilla tous les habitants de la cité. Les flammes crépitaient rageusement, une bataille d'une violence inouïe se déroulait dans Troie, des cris de détresse et d'agonie montaient de toutes parts. Les Grecs avaient pénétré dans la citadelle sans coup férir ; à présent, ils saccageaient et massacraient sans pitié. Ce fut un carnage horrible. Encore mal réveillés, abasourdis, les Troyens cherchaient leurs armes, revêtaient leurs cuirasses, tentant désespérément de repousser l'envahisseur. Mais que pouvaient-ils faire ? Le feu ravageait la ville. Les gens sortaient en hurlant de leurs maisons en flammes, pour se retrouver ensevelis sous les bâtiments qui s'effondraient et barraient les rues de leurs décombres.

Énée, comme tous les vaillants chefs de Troie, avait quitté sa demeure pour se porter au-devant des Grecs. Il se dirigea vers le palais royal, dans l'espoir que ce dernier bastion tînt encore. Hélas, l'ennemi l'y avait précédé, se taillant la voie par les armes. Le roi Priam, sa femme Hécube et ses filles s'étaient réfugiés devant les autels domestiques, lorsque les Grecs se ruèrent à l'intérieur du palais. Le vieux roi fut tué au pied des autels par Néoptolème, le fils d'Achille. Énée songea alors à son propre père, à sa femme, à son fils que, dans son ardeur à défendre la ville, il avait laissés sans protection. Au milieu de cette épouvantable tuerie, il n'eut plus qu'une pensée, retourner chez lui, sauver les siens.

Alors qu'il se frayait un chemin parmi la poussière et les ruines enfumées du palais, il aperçut une femme accroupie dans l'ombre. À son approche, elle releva la tête, effrayée, et il reconnut le visage, défiguré par la peur, de la belle Hélène.

« C'est à cette femme que nous devons toutes nos souffrances, se dit-il. C'est elle qui a amené le malheur et la ruine sur cette cité naguère splendide et sur ses heureux habitants. » Pris d'un violent ressentiment, il leva son épée, résolu à la tuer pour venger ses méfaits. Mais, avant qu'il ait pu réaliser son intention, Vénus, sa mère, lui apparut. Elle se tenait près de lui, rayonnante, et lui parlait avec une douce autorité.

« Mon fils, dit-elle, cet acte de colère aveugle n'apporterait rien de bon. Abaisse ton épée. Ce n'est ni cette femme ni Pâris qu'il faut blâmer pour tous ces maux qui vous accablent. Ne vois-tu pas que les dieux impitoyables sont seuls responsables de la destruction de ce glorieux royaume ? Quant à toi, tu dois fuir : ton destin t'appelle loin de ces rivages. J'ai veillé sur les tiens pendant ton absence, tu les retrouveras sains et saufs. Mais hâte-toi, je te protégerai. » Sur ces mots, l'apparition s'évanouit, mais Énée sentait que la déesse guidait ses pas à travers les dangers qu'il rencontrait sur sa route.

Sa maison avait résisté aux assauts de la soldatesque ennemie et demeurait intacte au milieu de l'incendie qui ravageait les bâtiments alentour. Énée ordonna à sa famille de se tenir prête à fuir. Le vieil Anchise protesta qu'il était trop vieux pour les suivre et résolu à connaître le même sort que Troie. Il s'obstinait dans sa décision, sourd aux supplications d'Énée et de tous les siens.

Alors des événements merveilleux se produisirent. À la surprise générale, la tête du jeune Ascagne, le fils d'Énée, fut soudain couronnée d'une étrange lumière, des flammes dansaient dans ses cheveux. Anchise crut reconnaître là un signe divin et implora Jupiter de lui accorder une autre marque de sa volonté. À peine avait-il achevé sa prière qu'un coup de tonnerre déchira l'air, tandis qu'une comète traversait les cieux, illuminant la cité tout entière.

« Dieux de notre race, je vous suivrai là où vous me guiderez! » dit Anchise, et il se leva aussitôt, prêt à partir.

Mais avant de quitter la demeure qu'il savait ne jamais revoir, il rassembla précieusement les statuettes qui ornaient les autels domestiques et en fit un ballot. Ces images des dieux de la famille les protégeraient au cours de leur voyage, et attireraient les faveurs divines sur leur future patrie.

Mais Anchise était trop infirme et âgé pour pouvoir faire usage de ses jambes, et son fils dut le prendre sur ses épaules. Alors, sous la sauvegarde invisible de Vénus, le petit clan se dirigea vers la porte des remparts la plus proche. Énée tenait son fils par la main, tandis que Créuse, sa femme, suivait à quelques pas derrière eux.

Quand ils furent en sûreté dans la campagne, hors de la ville saccagée, alors seulement Énée prit conscience de la terrible réalité : Créuse n'était plus avec eux. Laissant les autres à l'abri d'une cachette, il revint dans Troie en toute hâte, cherchant désespérément son épouse chérie.

Il parcourut tout le chemin en sens inverse, à travers les décombres encore fumants, emplissant les rues de ses appels désolés. L'espoir de jamais retrouver Créuse allait l'abandonner quand soudain il la vit devant lui. Mais au lieu d'éprouver de la joie à cette vue, il se sentit envahi par une terreur subite ; non, ce n'était pas la vraie Créuse qui se tenait là, près de lui, mais son ombre.

« Cher époux, dit-elle doucement, ne t'afflige pas. Les dieux ont décidé que je resterais ici. Pars, traverse le vaste océan, jusqu'à la terre d'Occident où doit commencer pour toi une vie nouvelle. Là-bas, au bord d'un fleuve qu'on appelle le Tibre, tu trouveras le bonheur, un autre royaume, une belle femme. Prends soin de notre fils, je t'en conjure. Et maintenant, adieu. »

Énée voulut étreindre son épouse, mais ses mains ne trouvèrent devant elles qu'un corps d'ombre qui disparut bientôt. Bouleversé, il demeurait immobile, désorienté, dans la rue déserte.

Lorsqu'il rejoignit les siens, il les trouva entourés d'un rassemblement pathétique de gens sans foyer qui l'attendaient pour le suivre vers l'exil, de l'autre côté de la mer. Aux premières lueurs du jour, Énée reprit son père sur le dos et, jetant sur Troie un ultime regard, marcha vers les lointaines montagnes, suivi de ses nouveaux compagnons de route.

Bien d'autres encore quittaient Troie pour toujours. Les Grecs voguaient en direction de leur patrie, avec leurs centaines de captifs promis à l'esclavage, et leur butin de trésors volés. Ceux d'entre les Troyens qui avaient échappé au carnage fuyaient la cité morte et se traînaient sur les routes. Une seule épouvantable nuit avait suffi pour mettre un terme à une guerre qui se déchaînait depuis dix ans.

Énée et son escorte de rescapés traversèrent le pays jusqu'à la côte de Phrygie, au sud de Troie, puis, là, entreprirent de construire une flotte. Les navires enfin prêts, ils mirent à la voile, le cœur lourd, ignorant ce que leur réservait le destin.

En premier lieu, ils abordèrent en Thrace. Ce pays avait été leur allié en des temps plus heureux, mais à présent il reçut si mal les fugitifs qu'ils décidèrent de s'en remettre à nouveau au gré de l'océan. Les vents et les courants les portèrent vers le sud, jusqu'à l'île sacrée de Délos, berceau du dieu Apollon. Le roi de l'île et son peuple leur firent bon accueil. Et le chef troyen alla prier avec ferveur devant les autels d'Apollon, implorant ses conseils et ses encouragements.

La réponse du dieu ne se fit pas attendre. La terre fut secouée d'un violent tremblement, et une voix monta des profondeurs du sanctuaire : « Troyens qui supportez de longues peines, vous devez retourner au pays de vos ancêtres. C'est de là que les descendants d'Énée gouverneront le monde. »

L'oracle s'était prononcé, mais le sens de ses paroles restait obscur. Où se trouvait la terre de leurs aïeux ? Anchise, qui connaissait les vieilles légendes troyennes, expliqua avec assurance : « Je suis certain que la Crète est le berceau de notre race. Cette île appartient au grand Jupiter, elle possède de belles cités, des plaines fertiles. Voilà où nous devons aller avec l'aide des dieux. »

Puis il fit des offrandes sur les autels du temple, sacrifia un taureau à Neptune, un autre à Apollon, un bélier noir au vent des tempêtes, une brebis blanche aux doux zéphyrs de l'ouest. Ils embarquèrent à nouveau, et firent voile vers le sud, se faufilant entre les nombreuses îles des Cyclades ; vents et marées leur furent favorables jusqu'aux côtes de la Crète.

Ils choisirent pour s'établir un endroit désert du littoral, mirent leurs navires au mouillage, et entreprirent de bâtir les murs d'une nouvelle cité. Chacun travaillait avec ardeur et bientôt des maisons se dressèrent, des céréales furent semées. Tout alla à merveille jusqu'à l'approche des moissons. Alors la terre fut frappée d'un étrange fléau : les plantes pourrissaient, les animaux dépérissaient, les hommes, malades, mouraient. Chacun se demandait quelle faute avait pu provoquer le courroux des dieux.

Or, une nuit, Énée, pendant son sommeil, vit apparaître en songe les dieux de Troie. Ils lui disaient que la Crète n'était pas le but définitif de leur voyage. La vraie patrie des Troyens était une terre d'Occident, une antique contrée nommée Hespérie ou Italie. Énée devait presser ses gens de repartir, de poursuivre leur quête.

Encouragés par le message divin, les Troyens quittèrent donc la Crète pour se lancer à la recherche des rivages lointains dont parlaient les dieux. Dès que la terre eut disparu de l'horizon, voici qu'une tempête s'éleva et dispersa la flotte. Pendant trois jours et trois nuits, les bateaux furent le jouet des vagues, sans cesse repoussés vers une côte inconnue et menacés à chaque instant d'aller s'éventrer sur les rochers.

Enfin la tempête se calma, et les navigateurs gagnèrent le rivage à la rame. Lorsqu'ils eurent mis leur flotte en lieu sûr, ils découvrirent alors qu'ils avaient échoué aux Strophades, séjour des terribles Harpies. Ces monstres cruels à tête de femme avaient le corps, les ailes et les serres d'un oiseau de proie.

Affaiblis par la faim, harassés par la tourmente qu'ils venaient de subir, les Troyens capturèrent et tuèrent quelques animaux qui paissaient en liberté l'herbe des prairies, en bordure du rivage. Ils allumèrent des feux dans une crique et firent rôtir des quartiers de viande ; ils se préparaient à festoyer quand l'air s'emplit soudain de claquements d'ailes et de cris stridents. Attirées par l'odeur des viandes, les Harpies plongeaient et arrachaient des lambeaux de chair à l'aide de leurs ongles crochus. Elles répandaient une puanteur infecte et souillaient tout ce qu'elles touchaient.

Le lendemain, la même scène se répéta. Aussi, le troisième jour, les hommes passèrent à l'attaque et accueillirent les monstreux rapaces à coups d'épée. Mais les Harpies, insensibles, continuèrent à se servir effrontément, puis s'envolèrent en poussant des cris féroces. Céléno, qui commandait leur troupe, se posa sur un rocher voisin et prédit leur malheur aux Troyens :

« Vous qui osez envahir notre île, capturer notre bétail, nous attaquer de vos épées, vous serez punis pour ces crimes. Oui, vous atteindrez finalement l'Italie, car tel est votre destin, mais avant d'y fonder votre patrie, une faim terrible vous forcera à manger vos propres tables ! »

Puis elle s'envola, laissant les hommes abattus. Leurs tourments ne connaîtraient-ils jamais de fin ? Anchise et Énée décidèrent de partir sur-le-champ. Ils accomplirent les rites et demandèrent aux dieux de veiller sur leur salut. Les navires reprirent la mer, toutes voiles déployées, et un vent du sud les entraîna hors de ces parages dangereux.

Ils croisèrent bien d'autres îles tandis qu'ils longeaient les côtes grecques et contournaient l'Épire. Enfin, ils pénétrèrent dans le port que dominait la ville promontoire de Buthrotum. Une heureuse surprise les y attendait : ce royaume grec était gouverné par Hélénus, un des fils de Priam. L'accueil fut chaleureux et splendide, chacun se réjouissait de ces retrouvailles inattendues.

Leur séjour s'écoulait agréablement, mais Énée était impatient de reprendre la mer. Sachant qu'Hélénus avait le don de prophétiser l'avenir, il trouva l'occasion de l'interroger. Hélénus, prêtre d'Apollon, sacrifia des bouvillons sur les autels de son dieu et récita les formules d'usage. Puis, saisi par une transe divine, il prononça sa prédiction :

« Fils de la déesse, dit-il en s'adressant à Énée, ta destinée est scellée. De longues épreuves t'attendent, et maints dangers menaceront tes vaisseaux. Mais tu parviendras au rivage de la lointaine Italie, et tu y bâtiras une grande cité. »

Il lui décrivit les étapes de son prochain voyage, les lieux qu'il était prudent d'éviter, la route à suivre pour contourner Charybde et Scylla, ce dangereux tourbillon et ce monstre à six têtes qui se trouvaient sur son parcours. Enfin, il lui annonça qu'il rencontrerait une mystérieuse prophétesse, la Sibylle.

« Mais je ne puis t'en dire davantage, conclut-il, va, et que tes exploits soient la gloire de Troie. »

Hélénus fit charger les navires de cadeaux et de réserves d'or et d'argent. Il offrit également des armes, et un supplément d'hommes pour manœuvrer les avirons. On échangea plus d'un adieu, puis la flotte s'éloigna. Une fois en haute mer, Anchise, debout sur le gaillard d'arrière, éleva la voix pour prier :

« Dieux de la terre et de la mer, accordez-nous les vents propices à notre navigation ! »

Comme en réponse à sa prière, la brise forcit, et les bateaux firent bonne voile jusqu'aux abords de la Sicile. Ils passèrent non loin de la montagne tonnante de l'Etna, qui vomissait la fumée et des pluies d'étincelles. Ensuite, le vent tomba et la flotte dériva doucement en direction de la côte des Cyclopes. C'était un pays inhospitalier, peuplé d'une tribu de géants terrifiants avec leur œil unique. À l'approche des étrangers, les Cyclopes coururent jusqu'aux falaises et se mirent à lancer des rochers sur les vaisseaux. Heureusement, le vent se leva, Énée et ses compagnons purent fuir rapidement.

Leur retraite fut si précipitée qu'ils ne prirent garde qu'ils s'engageaient sur une route périlleuse. Déjà la flotte parvenait à l'entrée du détroit qui sépare le gouffre bouillonnant de Charybde de la caverne rocheuse où se tient Scylla, le monstre à six têtes. D'un côté du chenal, les eaux tourbillonnaient, toutes blanchies d'écume, menaçant d'engloutir les vaisseaux dans les profondeurs grondantes de la mer ; de l'autre était tapi le monstre, guettant sa proie. D'un coup de sa patte puissante, il était capable d'arracher un marin à ses rames, ou de briser un mât.

Alors seulement on se souvint des recommandations d'Hélénus. On orienta les voiles sur le bon cap, et chacun, avec l'énergie du désespoir, se courba sur les avirons, afin d'échapper à une mort certaine. Et la peur décuplant les forces, les équipages réussirent à franchir le passage périlleux, pour pénétrer dans des eaux plus calmes.

De nouveau, des vents favorables les aidèrent à contourner le littoral méridional de la Sicile, et les amenèrent devant Drépanon, une ville bâtie près du mont Éryx. Au sommet de cette montagne, dominant la mer, se dressait un beau temple dédié à Vénus. Ce fut là, non loin du sanctuaire de sa divine épouse, que le vieil Anchise rendit le dernier soupir. Le lieu et l'époque de sa mort avaient-ils été choisis par Vénus ? Nul ne saurait le dire.

Énée connut alors un moment de désespoir. Ni le devin Hélénus ni la farouche Céléno ne lui avaient prédit ce deuil. Anchise avait été pour lui le meilleur des pères. Ensemble, ils avaient porté la lourde charge du commandement. Pourquoi fallait-il que, si près de la fin de leur voyage, la mort cruelle vînt les séparer ?

Pieusement, le chef troyen accomplit les rites funéraires ; les cendres d'Anchise furent ensevelies sous un tertre non loin de Drépanon. La flotte remit à la voile et prit le large, tandis que les Troyens, pleins d'espoir, croyaient entreprendre la dernière étape de leur voyage.

Didon et Énée

LORSQUE LES TROYENS quittèrent le port de Drépanon, la mer était au calme, et les marins durent manier leurs rames aux poignées de bronze pour diriger les navires. Mais une fois atteint le grand large, la brise se leva et l'on put hisser les voiles. Tout semblait promettre une heureuse traversée, et les navigateurs se sentaient réconfortés à l'idée de toucher prochainement au but.

Or, Junon, reine du ciel, vit que les Troyens approchaient du terme de leur voyage, et sa colère se ranima. Elle avait désiré la ruine complète de Troie et de ses habitants, et combattu aux côtés de ses Grecs bien-aimés pour parvenir à ses fins. De tout temps, les Troyens lui inspiraient cette haine jalouse. C'est elle qui avait à maintes reprises tenté d'écarter Énée et ses braves compagnons loin des rives de l'Italie. C'est à cause d'elle qu'ils avaient erré sur la mer et enduré mille tourments tout au long du chemin.

On disait que la déesse nourrissait une préférence pour une cité entre toutes, dont elle était résolue à faire la plus puissante du monde. Cette cité, c'était Carthage. Bâtie sur la côte méditerranéenne d'Afrique, non loin de la Sicile, elle était peuplée de Phéniciens venus de la lointaine ville de Tyr. Sous la tutelle protectrice de Junon, elle avait prospéré et conquis toutes les terres environnantes. Le courroux de la déesse ne connut plus de bornes lorsqu'elle apprit le décret des Parques de faire des descendants d'Énée les maîtres du monde, qui asserviraient jusqu'à la cité qu'elle aimait par-dessus tout.

« Ne suis-je pas la reine ? se disait-elle. Qui m'empêcherait de défier les Parques et de détruire le clan troyen avant qu'il ne parvienne aux rivages de l'Italie ? »

Résolue à assurer le triomphe de sa ville favorite, elle alla trouver Éole, le roi des vents, qui gardait les ouragans prisonniers au fond d'une vaste et sombre caverne creusée sous une montagne. Trônant au sommet de la montagne, Éole régnait sur le monde, protégeant terre, mer et cieux de la fureur destructrice de ses captifs.

« Roi Éole, demanda Junon, m'accorderas-tu une faveur ?

— Reine divine, que puis-je faire pour toi ? répondit le roi des vents. Parle, j'obéirai avec plaisir. N'est-ce pas à toi et à ton époux Jupiter que je dois ma puissance ?

— Libère tes vents les plus féroces, qu'ils enflent les mers, que les vagues déchaînées frappent les vaisseaux de ces Troyens maudits qui naviguent en ce moment entre la Sicile et l'Italie, et qu'elles les engloutissent avec tous leurs passagers ! »

Aussitôt Éole perce un trou dans la paroi rocheuse de son royaume caverneux. Les vents, si longtemps enchaînés, s'échappent de leur prison et se ruent en trombe vers la mer. Les nuages obscurcissent le ciel, l'éclair flamboie, le tonnerre craque. Les Troyens sont emplis d'effroi. Les ouragans soulèvent en hurlant des vagues monstrueuses et s'abattent avec elles sur les navires, arrachant mâtures et rames, fendant les proues, brisant les gouvernails, emportant les marins dans les flots. Une partie de la flotte va se fracasser sur d'énormes récifs ; d'autres vaisseaux, aspirés par d'horribles tourbillons, touchent le fond des abîmes marins. Les flots sont jonchés d'épaves et de ballots. Les précieux trésors sauvés de Troie ou recueillis en cours de route disparaissent à jamais, et avec eux un grand nombre des compagnons d'Énée. Mais voici que Neptune, dieu de la mer, découvre son domaine bouleversé. Il se fâche et se porte au secours des naufragés. Il voit la flotte troyenne battue par les éléments en furie et devine que Junon est l'instigatrice de ce désastre. Il apaise les vagues et ordonne aux vents de retourner chez Éole, avec ce message pour leur maître :

« Moi, Neptune, suis seul souverain sur l'océan ! Qu'il ne s'avise jamais plus de vous relâcher de votre geôle sans ma permission ! »

Et le puissant Neptune ramena l'ordre dans son royaume. À nouveau le ciel clair s'étendit au-dessus des ondes calmées. De la flotte troyenne, il ne restait que sept vaisseaux qui louvoyaient le long de la côte africaine, à la recherche d'une anse abritée. Satisfait de la paix rétablie, Neptune s'enfonça dans son empire sous la mer.

Lorsque furent amarrés les vaisseaux, les navigateurs épuisés sautèrent sur le rivage, remerciant le destin d'avoir épargné leur vie. Puis, tandis qu'on préparait un repas avec les maigres provisions rescapées de la tempête, Énée gravit la colline voisine et scruta l'horizon. La mer était déserte. Tous les autres navires avaient sombré. Le cœur triste, Énée allait redescendre vers ses compagnons quand il aperçut, de l'autre côté de la colline, une verte vallée où paissaient des biches et des cerfs. Armant son arc, il s'approcha du troupeau et tua sept beaux animaux, un pour chacun des équipages survivants.

Ce supplément de vivres inattendu fut le bienvenu, et l'on se restaura avidement, tout en buvant à longs traits le vin des barriques entreposées dans les cales. Après le repas, Énée s'efforça de réconforter ses frères d'infortune, et tous pleurèrent la disparition de leurs braves compagnons.

Cependant, Jupiter, du haut de l'éther, promenait son regard sur la terre et vit les Troyens échoués sur le rivage, à proximité de Carthage la royale. Il semblait perdu dans ses pensée quand Vénus lui adressa la parole.

« Je suis affligée des malheurs qui ne cessent de s'abattre sur mon cher fils et ses fidèles amis, dit-elle, le visage baigné de larmes. Quel crime ont-ils donc commis ? Pourquoi les empêches-tu d'atteindre l'Italie ? Tu m'avais promis que la postérité d'Énée gouvernerait les autres peuples. As-tu modifié tes décrets, ô toi dont la foudre terrifie les hommes ? »

Le père des dieux et des hommes regarda tendrement sa fille et sourit avant de répondre.

« Non, je n'ai pas changé d'avis, dit-il, et toutes mes promesses se réaliseront. Énée fondera sa ville en Italie, il aura à soutenir une grande guerre et domptera de nombreux peuples. Son destin est fixé. De même l'est celui de son fils Ascagne qui porte le surnom d'Iule. Son règne durera longtemps, et il fondera une autre ville qu'on appellera Albe la Longue. Les rois s'y succéderont pendant trois cents années, puis une prêtresse royale donnera naissance à deux jumeaux dont Mars sera le père. L'un des jumeaux sera nommé Romulus. Il bâtira une puissante cité et donnera son nom à son peuple : et bientôt les Romains seront maîtres du monde. Telle est ma volonté. »

Dès qu'il eut achevé, Jupiter envoya Mercure, le messager des dieux, auprès de Didon, la reine de Carthage, afin qu'elle accueille les Troyens avec bienveillance, et non en ennemis.

Pendant ce temps, l'infatigable Énée était impatient de savoir dans quel pays il venait d'aborder, et quels étaient les habitants de ces régions. Il confia la garde des vaisseaux à ses hommes et

41

s'aventura hors du petit campement dès le lever du jour. Il prit son dévoué Achate pour tout compagnon, et laissa le petit Ascagne en sécurité sur le rivage.

Or, en chemin, ils rencontrèrent une belle chasseresse qui la première leur adressa la parole. Elle n'était autre que Vénus déguisée. Elle lui décrivit le pays où il se trouvait, le peuple qui s'y était établi, et la reine Didon qui en était la souveraine. Au moment où elle prenait congé d'eux, Énée reconnut sa mère et voulut lui parler, mais elle avait disparu. Invisible, elle continuait à veiller sur eux pendant leur marche : elle les enveloppa d'un brouillard magique, pour que personne ne puisse les voir ni chercher à leur nuire. C'est ainsi qu'ils parvinrent sans être vus à Carthage, et traversèrent les rues grouillantes d'une foule pressée. Tout autour d'eux, ce n'étaient que chantiers de construction ; ici l'on élevait des murs, là on creusait des fondations ; Énée contemplait cette joyeuse activité avec une admiration mêlée d'envie. « Heureux, songeait-il, ceux qui ont une ville et un toit ! » Ils arrivèrent au milieu de la cité où Didon faisait édifier un grand temple en l'honneur de Junon reine. Ils furent émerveillés tant par les dimensions et les riches matériaux du bâtiment que par les fines sculptures qui l'ornaient et illustraient maints épisodes tirés de l'histoire de Troie. Énée regardait ces tableaux avec émotion, aussi ne vit-il pas s'avancer la très belle Didon, escortée de ses gardes et d'une suite innombrable de jeunes gens et de serviteurs. La reine pénétra dans son sanctuaire, et s'assit sur un trône élevé au centre de la salle. Aussitôt, elle se mit en devoir de rendre la justice et de publier les lois nouvelles. Tandis qu'elle prononçait ses sages décisions, Énée remarqua l'arrivée d'un nombreux cortège dont tous les membres semblaient fort excités. Mais surtout, Énée et Achate, toujours invisibles, ne furent pas peu surpris de reconnaître à la tête de cette foule plusieurs de leurs compatriotes qu'ils avaient crus noyés dans la tempête de la veille. Certes, ils s'en réjouirent, mais les circonstances incompréhensibles de ces retrouvailles les troublaient quelque peu.

Les rescapés adressèrent à la reine un discours où ils exprimaient leurs espoirs et leurs craintes ; ils imploraient sa bienveillance et son concours pour réparer les dégâts subis par leurs navires.

Didon se montra généreuse.

« Troyens, dit-elle, tout le monde a entendu parler de votre héroïque cité et de sa fin épouvantable. Vous êtes invités à demeurer ici autant qu'il vous plaira. Je vous fournirai les moyens nécessaires pour remettre en état votre flotte et achever votre voyage vers l'Italie. Mais qu'est donc devenu votre chef, Énée ? Peut-être la tempête l'a-t-elle jeté sur un rivage voisin ? J'enverrai des hommes à sa recherche, ils fouilleront le littoral. »

Rassuré par ces paroles amicales, Énée hésitait sur ce qu'il devait faire. Ce fut Vénus qui décida pour lui : le nuage d'invisibilité dont elle l'avait enveloppé s'évapore tout à coup et, devant l'assemblée médusée, Énée apparaît et s'avance, le visage et les yeux illuminés d'une clarté divine.

« Je suis Énée, dit-il, le Troyen que tu cherches. Puissent les dieux, généreuse Didon, récompenser dignement ta pitié ». La vue d'Énée émut profondément la reine. Elle se savait en présence non d'un commun mortel, mais d'un fils de déesse, frappé par le malheur mais promis à une haute destinée. Aussitôt, elle invite les Troyens à venir dans son palais royal, et

ordonne d'apprêter un festin en l'honneur de ses hôtes. Mais Énée demeure inquiet, le sort d'Ascagne le tourmente. Il finit par envoyer Achate chercher son fils et lui demande d'apporter également tous les présents dignes d'une reine qu'on pourrait trouver à bord des vaisseaux.

Vénus, pour sa part, ne relâchait nullement sa vigilance. Elle redoutait la puissante haine de Junon et la soupçonnait d'ourdir un piège contre son fils, sachant bien que la déesse se servirait sans scrupule de Didon si son stratagème l'exigeait. Prenant une rapide décision, elle s'adjoignit le concours d'un autre de ses fils, Cupidon, le dieu de l'amour. Cupidon, sur son ordre, revêtit l'apparence d'Ascagne et accompagna à sa place Achate jusqu'à Carthage. Cependant, Vénus plongeait le vrai Ascagne dans un délicieux sommeil et l'emportait vers une retraite secrète où elle le tint caché tant que dura la mission de Cupidon.

Entre-temps, ce dernier était arrivé au palais de Didon, en compagnie d'Achate, chargé de présents pour la reine. Un festin magnifique les attendait. Les Troyens, la reine et toute la noblesse de Carthage avaient pris place sur des lits recouverts de superbes étoffes, et le banquet commença. Didon était très impressionnée par les cadeaux amoncelés devant elle, mais ce qui captivait par-dessus tout son attention, c'était le faux Ascagne. Elle pouvait à peine détourner ses regards du jeune garçon. Après avoir salué tendrement son père, celui-ci vint s'installer à côté de la reine et demeura auprès d'elle tout le reste de la soirée. L'infortunée Didon ne se doutait guère que Cupidon la tenait déjà en son pouvoir. Exécutant les ordres de sa mère, il infusait doucement dans le cœur et l'esprit de la reine son philtre d'amour.

Les mets les plus somptueux furent offerts à la compagnie. Puis on remplit à nouveau les coupes afin d'offrir des libations aux dieux. Vint ensuite Iopas le chanteur, qui charma l'assistance par ses chants et son art de jouer de la cithare. Les divertissements se prolongèrent tard dans la nuit. Enfin, Didon, réclamant le silence, invita Énée à conter son aventure.

Énée obéit à la reine, et chacun l'écouta passionnément tandis qu'il évoquait la ruse des Grecs et la ruine de Troie, sa propre fuite avec sa famille et ses compatriotes, leurs pérégrinations mouvementées, et leur quête d'une nouvelle patrie.

L'aube se levait déjà quand le Troyen acheva son récit. Les auditeurs épuisés s'endormirent sur les lits qu'ils occupaient, et la reine se retira dans ses appartements.

Mais Didon ne trouvait pas le sommeil. L'arrivée de cet étranger au noble visage, le récit bouleversant de ses exploits et de ses malheurs troublaient son cœur. Il n'y avait plus de place en ses pensées que pour le héros venu de Troie. Didon avait été mariée naguère. L'homme qu'elle avait épousé, son propre frère l'avait assassiné. Depuis lors, aucun homme n'avait su l'émouvoir. Mais à présent, toute sa raison et sa grande volonté s'avouaient vaincues devant la passion qui s'était emparée d'elle.

Effrayée, Didon confia ses alarmes à sa sœur et toutes deux se rendirent devant les autels sacrés pour offrir des sacrifices. Le remède fut sans effet, et Didon se sentait impuissante et misérable. Elle trouva mille prétextes pour rester seule avec Énée, mais, une fois en sa présence, il lui était impossible d'avouer ce qu'elle ressentait. Elle errait par la ville, perdue dans ses rêveries, et ne prenait plus d'intérêt aux affaires de l'État. Privés des conseils de leur reine, les habitants cessèrent bientôt de travailler à la construction de la cité : hautes tours et remparts demeurèrent inachevés. Telle était la violence de l'amour qui enflammait Didon.

Junon et Vénus suivaient avec l'intérêt qu'on devine le cours de ces événements. Malgré leur défiance réciproque, elles en vinrent à adopter un plan commun et décidèrent d'unir leurs pouvoirs afin de rapprocher Didon et Énée lors de la partie de chasse qui devait se dérouler le lendemain.

Au point du jour donc, les deux troupes de chasseurs se réunirent. Didon, montée sur un splendide coursier, était vêtue de pourpre et d'or ; une nombreuse suite de jeunes nobles l'entourait. Énée conduisait la troupe des Troyens ; cette fois encore, Didon fut charmée par la finesse de ses traits et son maintien plein d'élégance. Elle lui trouvait la beauté parfaite d'Apollon.

On s'éloigna au galop de Carthage pour atteindre les collines boisées peuplées d'animaux sauvages. La chasse animée et brillante dura tout le jour mais, vers le soir, un violent orage surgi de nulle part éclata. Junon assombrit le ciel et fit pleuvoir des trombes d'eau et de grêlons. Les chasseurs se dispersèrent pour s'abriter et, comme l'avaient décrété les déesses, Énée et

Didon trouvèrent refuge dans la même grotte. Tous les pouvoirs de la nature se liguaient pour réunir le couple royal. Vénus, déesse de l'amour, Junon, déesse du mariage, contemplaient d'un œil ravi les deux amants s'abandonnant dans les bras l'un de l'autre.

À leur retour à Carthage, il leur fut impossible de cacher plus longtemps leur amour. On entendit même Didon prononcer le mot de mariage. Sa conduite fut impitoyablement jugée et, bientôt, les rumeurs sordides se répandirent de cité en cité. Elles parvinrent jusqu'aux oreilles du roi Iarbus qui régnait sur le pays voisin. Iarbus se prétendait le fils de Jupiter et d'une nymphe africaine. Depuis longtemps, il désirait vainement épouser Didon. Lorsqu'il apprit que la reine lui préférait Énée, plein de fureur, il en appela directement à son père, devant les autels du temple consacré au dieu.

« Grand Jupiter, mes prières et mes offrandes t'ont-elles été adressées en vain ? Didon qui si souvent a repoussé ma flamme accorde impunément ses faveurs à Énée, cet aventurier sans patrie, et tu le permets ? »

Ses plaintes furent entendues. Jupiter s'informa sur ce qui se passait à Carthage, puis chargea Mercure de porter de sa part une sévère réprimande à Énée. Docilement, Mercure chaussa ses sandales aux ailes d'or, prit son caducée, et s'éloigna de l'Olympe à la vitesse du vent. Énée était en train de diriger des travaux d'architecture quand l'envoyé divin lui apparut et lui transmit l'avertissement de Jupiter :

« Honte à toi, Énée ! As-tu oublié ta renommée et le destin de ton fils ? L'Italie attend ton arrivée. Ne t'attarde pas ici un moment de plus. »

Et le messager de Jupiter disparut, laissant le Troyen sans voix, rempli de crainte et de douleur. Énée savait qu'il faudrait un jour quitter Carthage et la reine. Mais comment l'annoncer à Didon ? Que ferait-elle ? Tout en réfléchissant au moyen le plus délicat de l'informer de son départ, il ordonna à ses compagnons de mettre la flotte en état d'affronter la mer.

Ravis de poursuivre leur voyage, les Troyens s'empressèrent d'obéir ; les bateaux furent restaurés, voiles et rames réparées, les provisions stockées à fond de cale. Tous ces préparatifs ne purent être longtemps tenus cachés à Didon. Lorsqu'elle comprit ce que signifiait cette activité, elle perdit tout sang-froid et courut à travers la ville en poussant des cris d'une douleur sauvage. « Traître ! lançait-elle à Énée. Tu oses

m'abandonner ! Notre amour n'est-il rien pour toi ? Es-tu fou d'affronter la mer en plein hiver ? Et moi, que deviendrai-je, si tu me laisses seule et sans défense ? »

Énée voulut la consoler. Il souffrait non moins qu'elle, mais cette séparation était inévitable. « Ce n'est pas moi qui la désire, expliquait-il, Jupiter lui-même m'ordonne de partir. »

Dès cet instant, l'amour de Didon tourna à la haine. Aveuglée de douleur, elle s'arracha à Énée sans un mot d'adieu. Le désespoir dans l'âme, le Troyen retourna sur la plage surveiller les préparatifs de la flotte.

Des fenêtres de son palais, Didon regardait les hommes s'affairant sur le rivage. Puisqu'elle était incapable de retenir son amant, elle résolut de mourir. Elle ordonna de dresser un bûcher funéraire et y jeta elle-même tout ce qui avait appartenu à Énée. « Tout cela brûlera, oui ! Même notre lit nuptial le jour de son départ ! » se disait-elle.

Cependant, la nuit était tombée sur la flotte prête à lever les voiles. Épuisé, Énée dormait sur la poupe de son navire quand Mercure lui apparut et l'avertit de partir sur-le-champ. Réveillé en sursaut, le Troyen obéit aussitôt à l'ordre divin et décida le départ de la flotte.

L'aube blanchissait l'horizon quand Didon, du haut de son palais, regarda le rivage et vit les navires s'éloigner à pleines voiles vers l'ouest. Elle songea un instant à envoyer sa flotte à leur poursuite, mais ils avaient bien trop d'avance. Alors, maudissant Énée et toute sa descendance, elle gravit le bûcher, tenant à la main l'épée dont Énée lui avait fait présent et, s'allongeant sur le lit nuptial, se porta elle-même le coup mortel. Sa sœur accourut la première et tenta en vain de ranimer la reine qui se mourait. Elle l'étreignait et lui parlait doucement à travers ses larmes. Didon, de ses yeux égarés, cherchait en gémissant la lumière du ciel.

À la fin, Junon eut pitié de ses souffrances. Elle envoya sa messagère Iris, déesse de l'arc-en-ciel, qui délivra l'âme de Didon de sa prison terrestre.

La nouvelle de la mort de la reine se répandit dans la cité. Les prêtres conduisirent son peuple affligé jusqu'au bûcher auquel on mit solennellement le feu. Les flammes jaillirent dans l'air matinal, une épaisse fumée monta dans le ciel, tandis que, là-bas sur la mer, la flotte troyenne disparaissait à l'horizon.

Aventures en Sicile

TANDIS QUE SES NAVIRES fendaient les flots, Énée, tourné vers la côte africaine, vit un grand voile de fumée suspendu au-dessus de Carthage et, au-dessous, les flammes vives d'un grand feu. Devinant la cause de cet embrasement, les hommes chuchotaient entre eux, troublés par de sinistres pressentiments. Énée se tenait à la poupe, tout seul. Il y demeura, les yeux fixés sur la ville, jusqu'à ce qu'il ne vît plus que la mer et le ciel.

À présent de gros nuages noirs s'amoncelaient et le vent hérissait les vagues. Palinure, le pilote d'Énée, leva les yeux et dit :

« Nous n'atteindrons jamais l'Italie si ce temps persiste. Le vent est contre nous. En revanche, si nous changions de cap il nous mènerait aux ports abrités de la côte sicilienne.

— En ce cas, change de cap, Palinure », dit Énée.

Avec le vent en poupe, les navires filaient sur l'eau et atteignirent le rivage familier de Drépanon où, un an plus tôt, Énée avait enterré les cendres de son père. Aceste, fils d'une Troyenne, gouvernait ce pays et accueillit avec chaleur les voyageurs de retour.

Après une nuit de repos, Énée annonça à ses compagnons qu'on allait

célébrer l'anniversaire de la mort de son père. Alors, à l'exemple de leur chef, tous se mirent des couronnes de myrte et marchèrent en cortège jusqu'au tertre funéraire où Énée répandit les offrandes sacrées tout en invoquant les mânes d'Anchise. Comme en réponse à son appel, un serpent aux écailles magnifiques sortit de dessous l'autel et rampa autour du tertre, goûtant à chaque offrande avant de disparaître dans son trou. Encouragé par cet heureux présage, Énée poursuivit la cérémonie. D'autres animaux furent sacrifiés, et les offrandes s'accumulaient sur les autels.

Les solennités furent suivies d'un grand festin. Sept jours plus tard, Énée proclama l'ouverture des jeux funèbres. La nouvelle se répandit loin à la ronde, et les gens accoururent en foule, friands de divertissements. Le spectacle débuta par une joute de navires. Quatre bateaux, spécialement choisis parmi la flotte, entamèrent une course à la rame. Dès qu'a retenti la trompette, ils s'élancent et glissent sur l'eau, leurs rames labourent les sillons d'écume. Ils doivent contourner un îlot d'écueils à demi submergés qui se dresse plus au large, puis regagner le rivage. La lutte est ardente et soulève l'enthousiasme du public. La frénésie atteint son comble quand un des concurrents manque chavirer en virant autour du récif.

Le peuple s'assemble ensuite dans un amphithéâtre naturel pour suivre les championnats de course à pied. Nombreux sont les jeunes sportifs désireux de remporter le prix et la couronne d'olivier du vainqueur !

Ces épreuves terminées et les athlètes dûment récompensés, c'est au tour des pugilistes de s'affronter. Deux hommes seulement se présentent, aussi acharnés l'un que l'autre à remporter la victoire. Énée doit interrompre le combat tant il est évident que les lutteurs sont prêts à s'entretuer à coups de leurs poings gantés de cestes.

Au pugilat succède le tir à l'arc. Après plusieurs concours éliminatoires, il ne reste plus que quatre rivaux. La foule suit en silence l'épreuve finale. Un mât a été dressé au centre du cirque, avec une colombe attachée par un filin à son sommet. Le premier archer ne parvient qu'à planter sa flèche dans le mât. Le second tranche l'attache qui retient la colombe. L'oiseau s'envole, et le troisième candidat l'atteint en plein vol. Le quatrième concurrent, déçu, lâche sa flèche inutile dans le ciel. Ô prodige ! la flè-

che s'enflamme et vole parmi les nuages ! Et chacun admire dans ce fait merveilleux l'intervention des dieux.

Les jeux devaient se terminer par des courses de chevaux. Les jeunes Troyens se déployèrent dans l'arène et contournèrent la piste sous les acclamations du public. Ascagne participait à cette épreuve, et caracolait en tête de sa troupe sur un cheval que lui avait offert Didon. Après cette parade, les cavaliers exécutèrent un simulacre de bataille, émerveillant les spectateurs par leur adresse.

Cependant, Junon s'irritait de voir les exilés troyens une fois de plus favorisés par le sort, et agitait mille projets pour leur nuire. Elle dépêcha sa messagère Iris avec la mission de tout mettre en œuvre pour contrarier leurs desseins. Iris descendit sur le rivage et rencontra là des Troyennes qui se lamentaient. Elles gémissaient non seulement sur Anchise mais sur leur propre sort, car elles étaient lasses de cette errance sans fin sur la mer agitée et aspiraient à la sécurité d'un foyer sur la terre. Iris se déguise aussitôt en vieille femme et, se joignant au chœur des lamentations, enchérit leur désespoir en arguant qu'on n'atteindrait jamais l'Italie et qu'il valait mieux se fixer dans ce pays. Joignant le geste à la parole, elle saisit une torche enflammée sur l'autel de Neptune et court vers les bateaux échoués sur le rivage tout en criant : « Aidez-moi à brûler ces navires qui ne nous apportent que des maux ! »

Prises d'une folie soudaine, les femmes suivent l'exemple de la déesse et mettent le feu à tous les vaisseaux. Les spectateurs ont vu bientôt la fumée noire qui montait de la plage et poussent des cris d'alarme. Avec une grande présence d'esprit, Ascagne galope vers le rivage et crie aux femmes de s'arrêter. Son injonction brise l'enchantement de Junon, et les coupables, affolées, courent se cacher. Lorsqu'Énée arrive sur les lieux, suivi d'une foule nombreuse, les flammes sont en train de dévorer ses vaisseaux avec une furie indomptable.

Effondré sous ce coup cruel, le chef troyen sentit le découragement le gagner. Il invoqua Jupiter, espérant contre toute évidence que la flotte pouvait encore être sauvée. À peine avait-il proféré sa prière qu'une pluie torrentielle s'abattit sur Drépanon. L'orage se déchaînait avec une telle violence que le sol même tremblait sous les coups de tonnerre. Le déluge inonda les vaisseaux et éteignit l'incendie.

Tous les navires sauf quatre étaient sauvés. Le coup fut rude pourtant pour les Troyens. Énée lui-même se demandait s'il ne devait pas renoncer à voir jamais l'Italie. C'est alors qu'un vieux prêtre troyen nommé Nautès, qui avait le don de lire l'avenir, s'approcha d'Énée et lui dit : « Fils de déesse, j'ai déchiffré les signes et voici ce qu'ils disent. Parle au noble Aceste, notre compatriote, et décidez ensemble. Nombre d'entre nous sont las de voyager, ou trop vieux pour supporter d'autres épreuves. Permets-nous de fonder ici une nouvelle patrie, et appelons-la Acesta en l'honneur du roi. »

Énée réfléchit longuement au conseil de Nautès, sans parvenir à prendre une décision. Une nuit, il vit en songe son père qui lui portait un message de Jupiter.

« Mon fils, les destinées de Troie sont un lourd fardeau pour tes épaules, mais le grand Jupiter t'assiste. L'avis de Nautès est sage : obéis-lui. Choisis les plus vaillants des nôtres pour t'accompagner jusqu'aux terres du Latium : un rude combat vous y attend. Mais, avant, la Sibylle t'aura conduit au royaume de la mort. Nous nous reverrons, mon fils, et je t'instruirai

davantage sur le destin de ta race. Adieu. » Et Anchise s'évanouit comme une fumée.

Énée pria avec ferveur les dieux de Troie et la déesse Vesta, et leur présenta les offrandes rituelles. Puis il éveilla Aceste et ses plus proches compagnons auxquels il conta sa vision.

Aceste accepta de garder les Troyennes fatiguées par les épreuves et les vieillards accablés par les ans. Sans perdre de temps, on s'attaqua à la construction de la nouvelle cité. On restaura aussi les vaisseaux endommagés par le feu, et la flotte fut bientôt prête à reprendre le large.

Lorsque ces travaux furent achevés, les dieux reçurent les offrandes du peuple, et les repas funèbres durèrent neuf jours. Au bout de ce temps, un vent propice se mit à souffler du sud. Énée décida de ne pas s'attarder davantage, et les gens affluèrent sur le rivage pour souhaiter bonne route aux voyageurs. Dans la tristesse de la séparation, ceux qui avaient choisi de s'établir en Sicile souhaitaient maintenant s'embarquer sur les navires d'Énée, mais la décision était prise et l'on ne pouvait y revenir.

Du haut de la poupe de son vaisseau, Énée s'adressa à ceux qu'il ne reverrait plus :

« Notre destin est entre les mains des dieux. Le Latium attend certains d'entre nous, et la lutte sera difficile. Quant à vous, vous avez assez souffert jusqu'ici, je vous confie au bon Aceste. Vivez heureux sous son règne, dans notre nouvelle Troie. Et que vos vœux nous accompagnent. »

Et il ordonna qu'on sacrifie sur le rivage trois bouvillons et un agneau tandis que les navires cinglaient vers la haute mer. Lui-même, le front ceint d'une couronne d'olivier, fit une offrande de viande et de vin qu'il jeta dans la mer. Alors le vent fraîchit et s'éleva, poussant la flotte vers le nord inconnu.

À présent que l'aventure avait repris en mer, et que la flotte se retrouvait à la merci des assauts de Junon, Vénus sentit renaître son inquiétude. S'adressant à Neptune, elle le supplia d'accorder une heureuse traversée à son fils et à ses compagnons.

Neptune l'accueillit avec bienveillance et apaisa ses tourments. « Ne crains rien, dit-il, car Énée atteindra sain et sauf le port de Cumes, en Italie. Un seul Troyen périra au cours de ce voyage : cette unique vie sera le prix du salut de tous les autres. »

Le dieu de la mer remonta sur son char et,

lâchant la bride à ses chevaux, il s'élança à la surface des eaux, apaisant les vagues et dispersant les nuages de tempête sur son passage.

Dès lors, la navigation s'effectua dans des conditions idéales pour les Troyens, et leurs bateaux couraient gaiement sous le vent. Celui d'Énée, dirigé par Palinure, filait en tête de la flotte, et les autres réglaient leur course sur lui.

Or, au cours de la nuit, alors que l'équipage est assoupi, couché sur les bancs au-dessous des rames, Somnus, dieu du sommeil, écartant les ténèbres et repoussant les ombres, est descendu de l'éther. Empruntant les traits d'un des camarades de Palinure, il est venu s'asseoir près du pilote et l'incite à prendre un court repos. « La mer est calme, insinue-t-il, la brise est douce. Laisse tomber un moment ta tête et ferme les paupières de tes yeux las de veiller. Je te remplacerai à la barre. »

Palinure observe le ciel clair, la mer égale, les voiles gonflées d'un vent doux, mais il hoche la tête.

« J'ai trop d'expérience, dit-il, pour me fier à la quiétude des éléments. Je sais trop bien ce que cache parfois le visage paisible de la mer. Non, je n'abandonnerai à personne le soin de diriger le navire d'Énée. »

Cramponné à la barre, il demeure vigilant à son poste, sans cesser de fixer les étoiles. Alors le dieu Somnus agite au-dessus de sa tête un rameau trempé dans les eaux du Léthé qui procure l'oubli. En vain Palinure tente de résister au sommeil qui le gagne. Ses yeux se voilent. Ses membres s'engourdissent. Le voilà qui somnole. À peine s'est-il assoupi que Somnus s'empare de lui et le précipite dans les flots. Emportant la barre entre ses mains crispées, Palinure appelle ses compagnons et sombre, englouti dans les profondeurs obscures de la mer.

Toujours protégée par Neptune, la flotte poursuit paisiblement sa course. Déjà, elle approchait des écueils des Sirènes quand Énée s'éveilla et s'aperçut que son navire dérivait à l'aventure. Il chercha Palinure et, ne le trouvant plus, il comprit que le fidèle s'était endormi à son poste et qu'il lui était arrivé malheur.

Ce n'était pas seulement un excellent pilote qu'il venait de perdre, mais aussi et surtout un vieil et fidèle ami qui avait affronté avec lui tant de dangers. Et le chef troyen pleura, tandis qu'il guidait le bateau à travers la nuit.

Le rameau d'or

Enfin, LA FLOTTE troyenne a aperçu à l'horizon les côtes de l'Italie et se prépare à entrer dans le port de Cumes. Après tant d'années d'aventures et de souffrances, elle touche cette terre, objet de ses espérances et de ses rêves. Aussitôt l'ancre jetée, la troupe ardente saute sur les rivages d'Hespérie, impatiente d'y établir son campement.

Énée et Achate s'aventurent à l'intérieur du pays pour inspecter les environs du haut d'une colline. À son sommet, ils découvrent un sanctuaire consacré à Apollon et un bosquet sacré dédié à Diane.

D'après la légende, ce temple était l'œuvre de l'architecte Dédale, celui-là même que le roi Minos de Crète chargea de bâtir un palais destiné à servir de geôle au monstrueux Minotaure. Grâce aux instructions de Dédale, Thésée, le héros grec, put vaincre le Minotaure et ressortir du labyrinthe. Minos se vengea sur Dédale qu'il enferma avec son fils dans ce même labyrinthe. Esprit inventif, Dédale fabriqua deux paires d'ailes qui lui permirent ainsi qu'à son fils de s'envoler de sa prison en direction de l'Italie. Icare n'alla pas jusqu'au bout du voyage. Grisé par son pouvoir, il vola trop près du soleil ; la cire de ses ailes fondit et le malheureux tomba dans la mer. Dédale, lui, parvint sain et sauf à Cumes. Il décora le temple qu'il y bâtit de scènes retraçant l'histoire de Thésée.

Fasciné, Énée contemplait ces images sans prendre garde que quelqu'un approchait. C'était la prêtresse d'Apollon et de Diane, la célèbre Sibylle, qui, inspirée par le dieu du soleil, rendait ses oracles et interprétait les signes qu'il adressait aux mortels.

« Tu perds ton temps, troyen Énée, dit-elle, sévère. Les rites doivent être accomplis et les dieux honorés. Suis-moi ! »

Énée et son compagnon la suivent dans sa grotte, la demeure aux cent portes par lesquelles la Sibylle communique sa réponse à ceux qui l'interrogent. Arrivée sur le seuil, elle entre dans une soudaine extase et s'écrie : « Apollon est ici ! Je le sens ! Voici le moment d'interroger le destin ! » Son visage s'est altéré, ses longs cheveux flottent en désordre, elle tremble, halète, semble plus grande. Effrayé, Énée formule cependant sa prière :

« Dieu Apollon, dit-il, permets que s'achèvent ici les malheurs de Troie. Épargne ses derniers survivants. Accorde-nous une patrie sur cette terre et le royaume qui nous a été promis. »

La Sybille s'est remise à trembler sous l'emprise du dieu qui la possède et parle par sa bouche. Sa voix aux accents sauvages s'échappe par les cent ouvertures :

« Tes périls en mer sont terminés. Et tu seras puissant à Lavinium. Mais les combats que tu devras soutenir seront terribles. Le Tibre roulera des flots de sang. Il te faudra lutter avec les puissances célestes, mais n'abandonne pas devant l'adversité. Le secours te viendra d'un allié inattendu : une cité grecque. »

Puis la Sybille profère d'étranges énigmes et se calme enfin. Alors Énée lui dit :

« Je ne demande qu'une chose, c'est qu'on m'accorde le bonheur de revoir mon père. Toi qui jouis de la faveur d'Hécate, la sombre déesse des Enfers, peux-tu me montrer le chemin ? Non loin d'ici, dit-on, se trouve l'entrée qui mène au pays des morts. Je t'en prie, conduis-moi. D'autres y sont allés et en sont revenus. »

La voix de la Sibylle résonne dans la grotte :

« Fils de déesse, je t'en préviens, il est facile d'entrer dans ce royaume, les portes en sont toujours ouvertes. Mais remonter à la lumière du jour est autrement périlleux, et rares sont ceux qui réussirent. Néanmoins, si ta décision est irrévocable, je te dirai ce qu'il faut faire. »

Puis elle lui parle d'un rameau d'or caché dans la forêt.

« Celui qui pénètre dans le monde souterrain doit offrir ce rameau à Proserpine. Chaque fois qu'on le cueille, un autre repousse aussitôt. Mais on ne peut le cueillir que si les Parques le permettent. Avant de partir à sa recherche, retourne d'abord au rivage : un de tes camarades est mort, tu dois tout apprêter pour ses funérailles. Va ! »

Tristes et inquiets, Énée et Achate se demandent en chemin quel nouveau malheur est venu les frapper, eux qui se croyaient en sécurité à terre. Sur la plage, ils trouvent les Troyens réunis autour de la dépouille de Misène. Ce compagnon jouait mieux que personne de la trompette d'airain. D'après les témoins, il se tenait debout sur les rochers, soufflant dans une conque marine, lorsqu'une force invisible le précipita dans la mer. Peut-être avait-il eu le tort de rivaliser avec la musique des dieux marins et ceux-ci, jaloux, s'étaient-ils vengés.

Quelle qu'ait été la cause de sa mort, le voici gisant à présent sur le sable. Il n'y avait plus qu'à préparer la cérémonie funèbre et les hommes, munis de cordes et de haches, se dirigèrent vers la forêt pour y abattre les troncs destinés au bûcher. Énée, portant sa hache au tranchant effilé, marchait en tête de la troupe et s'enfonça seul au cœur des bois, dans l'espoir d'apercevoir le rameau d'or. Deux colombes lui apparurent : ces oiseaux étaient dédiés à Vénus, sa mère ; il les suivit tout en priant la déesse de l'aider dans sa quête.

Les colombes voltigeaient de branche en branche pour permettre à Énée de les suivre sans les perdre de vue. Puis elles s'élevèrent et se posèrent à la cime d'une yeuse. Parmi les feuilles vert sombre de l'arbre, Énée vit un scintillement d'or : c'était le rameau qu'il cherchait. La brise le faisait frissonner et ses feuilles de métal bruissaient doucement. Énée avance la main, tire sur la branche. Elle se détache sans peine, et un autre rameau repousse à sa place, ainsi que l'avait prédit la Sibylle. Énée rebrousse chemin et dépose le rameau d'or chez la prêtresse.

Quand il retrouva les siens, le bûcher se dressait sur la plage. On y déposa le corps de Misène, enveloppé dans un manteau de pourpre et étendu sur un lit funèbre, accompagné des offrandes d'encens et des chairs des sacrifices : la flamme brûla longtemps. Quand il ne resta que les cendres fumantes, les ossements furent placés dans une urne d'airain, on prononça les ultimes paroles d'adieu et Misène fut enseveli sous un monticule de terre. Au-delà s'étendait le promontoire qu'on appela désormais du nom de ce Troyen.

Le lendemain, dès l'aube, Énée rejoignit la Sibylle. Il apportait les animaux destinés au sacrifice qu'il devait accomplir avant d'entreprendre son étrange voyage. La Sibylle le mena à l'entrée d'une caverne perdue au fond d'un bois et cachée sous les eaux d'un lac profond. Ce lac, c'était l'Averne, la porte des Enfers. Il s'en élevait des nuages de vapeurs nocives qu'aucun être vivant ne pouvait approcher sans le secours divin. Là se dressait un autel de pierre sur lequel la Sibylle sacrifia quatre bouvillons blancs, en invoquant bien haut le nom d'Hécate, tandis que ruisselait le sang des victimes. Hécate, patronne des magiciens, était aussi une puissance infernale : il importait de se la rendre propice. Puis Énée offrit un agneau à toison noire et une vache stérile pour les autres dieux de l'empire souterrain.

Comme les rites s'achevaient, le sol se mit à trembler en grondant; Énée entendit des chiens

aboyer au loin. La nature entière frémissait à l'approche d'Hécate, et la Sibylle s'écria :
« A présent, courageux Troyen, tire ton épée et rassemble ton courage. L'heure est venue. »
Puis elle s'élança dans la caverne béante, suivie de près par Énée. Ils traversèrent d'abord une contrée ténébreuse, désolée, peuplée de spectres. Là, ils rencontrèrent tous les maux qui font souffrir l'humanité, tout ce qui est hideux, difforme. D'un côté se tenaient le Deuil, le Remords, la Maladie, la Vieillesse ; de l'autre, la Peur, la Faim, la Guerre, l'Agonie.
Un arbre immense et sans âge se dressait au milieu de cette région, et les figures blêmes des Cauchemars accrochées à ses branches grimaçaient parmi le feuillage. Là encore, les monstres avaient leur repaire. Ils se tordaient et sifflaient horriblement. Énée, tremblant de terreur, bondit en avant pour les frapper de coups d'épée. La Sibylle le retint : ce n'était que des corps sans consistance, de simples apparences.
Un peu plus loin, ils arrivèrent au bord des eaux fangeuses et bouillonnantes qui bordent l'empire d'en bas : fleuves d'affliction et de larmes, l'Achéron et le Cocyte. Là, ils trouvèrent Charon qui garde la passe de la rivière, sa frêle embarcation attachée à la rive. Le vieillard avait un aspect repoussant, avec ses haillons sordides, ses cheveux et sa barbe en broussaille, ses yeux de braise rougeoyante. Une multitude d'ombres allaient et venaient le long du rivage, regardant anxieusement vers la berge opposée et suppliant Charon de les transporter de l'autre côté du fleuve. Le passeur acceptait les unes, repoussait les autres. Énée, intrigué, demanda à son guide de lui en expliquer la raison.
« Charon le nocher n'embarque que les âmes dont le corps a reçu une sépulture selon les rites. Les autres attendent ici, et devront languir sur ces bords pendant une centaine d'années avant que Charon ne les prenne dans sa barque. »
Énée songeait, le cœur plein de pitié pour ces ombres infortunées, condamnées à errer interminablement. Il reconnut parmi elles des hommes de sa flotte, qui avaient péri en mer, et son vieil ami Palinure était là, rôdant dans les ténèbres épaisses.
La Sibylle entraîna Énée vers le rivage. Charon les vit venir et leur lança un défi irrité.
« Restez où vous êtes. N'approchez pas, dites seulement ce que vous voulez. Seules les âmes des morts ont le droit de franchir ce fleuve. Dites-moi qui vous êtes !

— Ne crains rien, répondit la Sibylle, nous ne te voulons aucun mal. Voici le Troyen Énée, homme juste et vaillant au combat. Il est venu voir son père qui séjourne ici, parmi les âmes justes. »
Mais Charon les toisait toujours d'un œil féroce, insensible aux paroles de la prêtresse. Celle-ci tira alors le rameau d'or de dessous son manteau, et Charon consentit à les prendre avec lui. La barque qui ne transportait d'ordinaire que des ombres gémissait sous le poids des vivants, et l'eau bourbeuse s'engouffrait par le fond.
Parvenu sur l'autre rive de l'Achéron, Énée dut affronter un nouveau péril, le monstrueux Cerbère à trois têtes. Accroupi à l'entrée d'une immense caverne, il aboyait et refusait le passage aux visiteurs. La Sibylle, qui avait prévu l'obstacle, jeta à cette créature un gâteau de miel somnifère. Le monstre le dévora, puis s'écroula, terrassé. Ils purent alors franchir sans inquiétude le seuil de la caverne et poursuivre leur chemin.
Des cris et des pleurs pathétiques vinrent alors frapper leurs oreilles. C'étaient des âmes d'enfants et de nourrissons emportés subitement par la mort. Dans leur voisinage étaient logés les esprits des personnes injustement condamnées à mort, et, plus loin, les âmes de ceux qui avaient tant haï la vie qu'ils s'étaient suicidés. Au-delà, les voyageurs découvrirent les Champs des Pleurs, un bocage planté de myrtes, hanté par les âmes qui étaient mortes d'un amour malheureux. Là, parmi ces ombres, Énée vit le pâle visage de quelqu'un qu'il avait bien connu, la triste reine qui l'avait aimé jusqu'à la folie. Il sentit renaître pour elle toute sa tendresse et lui parla avec émotion.
« Infortunée Didon, suis-je la cause de ton malheur ? Je t'ai abandonnée malgré moi, je ne t'ai pas trahie. Les dieux exigèrent mon départ, tout comme ils m'ont ordonné de visiter ce ténébreux royaume. Je te le jure par tout ce qui est sacré. Tourne, je t'en prie, ton regard vers moi, dis-moi que tu m'as pardonné. »
Sans un regard, sans une parole, Didon se détourna et disparut parmi la foule des âmes, le cœur toujours empli de haine. Ému jusqu'aux larmes, Énée compatissait au destin terrible de la reine.
La Sibylle le conduisit ensuite vers les lieux où résident ceux qui tombèrent bravement sur les champs de bataille. Là, il reconnut bon nombre

de guerriers qui avaient combattu avec lui pour défendre Troie. Ils l'entourèrent, heureux de le revoir, et lui posèrent mille questions. Et il s'attardait parmi ses anciens camarades, quand la Sibylle le pressa à nouveau d'avancer.

« Nous avons peu de temps, dit-elle, nous devons nous hâter. Tu vois devant toi la route qui bifurque. La voie qui mène aux Champs Élysées longe les remparts du palais du puissant Neptune. C'est la nôtre. L'autre conduit au Tartare, où sont punis ceux qui ont commis des crimes irréparables. »

De l'endroit où ils se trouvaient, ils pouvaient entendre des gémissements de douleur, des grincements de chaînes traînées sur le sol, le claquement cinglant des fouets. Épouvanté et fasciné tout ensemble, Énée restait cloué sur place, les yeux tournés vers cette citadelle de misère et de peines, ceinte de murs épais, close d'un massif portail. Tout autour, le Phlégéton, torrent de flammes et de rochers chauffés à blanc, enveloppait le Tartare dans ses replis. Énée se tourna vers celle qui le guidait et demanda :

« Quel est, ô prêtresse, ce royaume ? Qui sont ces gens que l'on châtie si sévèrement ?

— Je ne puis te montrer ce qu'il y a au-delà de cette porte, répliqua la Sibylle. Les hommes purs n'entrent pas ici. Quand Hécate fit de moi sa servante, elle me décrivit les peines infligées aux impies. C'est ici que siège Rhadamanthe et qu'il juge ceux qui menèrent une vie infâme. Il contraint les coupables d'avouer leurs forfaits. Aussitôt la Furie vengeresse s'en saisit et les pousse devant elle à coups de fouet ou les menace en brandissant vers eux les serpents enroulés à ses mains. Les portes sacrées s'entrouvrent en grinçant sur leurs gonds ; à l'intérieur du vestibule attend l'Hydre monstrueuse qui tord ses têtes aux gueules noires béantes. On ne peut concevoir l'horreur de cette vision. Au-delà encore s'étend le Tartare, sombre gouffre et lieu de tortures éternelles pour ceux qui osèrent défier l'autorité des dieux et transgresser leurs lois. À quoi bon te dénombrer tous leurs crimes et tous leurs supplices, l'éternité n'y suffirait pas. »

Hâtivement, ils s'engagèrent sur la voie qui, s'éloignant du Tartare, les menait vers le bienheureux séjour des justes. Marchant l'un près de l'autre dans les ténèbres, ils arrivèrent aux portes.

À l'entrée, Énée s'aspergea d'une eau pure, prit le rameau d'or des mains de la Sibylle et le déposa sur le seuil, en offrande à Proserpine, la reine des Enfers.

Alors ils pénétrèrent dans la région bienheureuse, émaillée de prairies vertes et de fleurs, ombragée de bosquets et baignée d'une lumière de pourpre. Ceux qui vivaient là s'adonnaient à leurs passe-temps favoris. Énée regarda les jeux des athlètes et des lutteurs, les danses et les chants qu'Orphée accompagnait de sa lyre. Il vit encore les héros des époques anciennes et ses propres ancêtres. Dardanus, le fondateur de Troie, se divertissait avec ses compagnons, prenant plaisir à manier les armes, les rênes, les chars, comme de leur vivant.

Énée et la Sibylle se dirigèrent ensuite vers un bois de lauriers qui poussaient près de la source de l'Éridan, fleuve qui remonte à la surface de la terre. Là étaient rassemblés des guerriers, des prêtres, des poètes, des artistes, tous ceux qui avaient consacré leur vie au bonheur de leurs semblables. Ils entourèrent les nouveaux venus et la Sibylle demanda à ces ombres où se trouvait Anchise. La route, dirent-elles, était toute simple à suivre. En effet, ils n'eurent qu'à descendre de la colline jusqu'à la campagne qui reposait en bas, dans une douce lumière éthérée. Anchise était là, tout songeur, au creux d'un vallon herbeux. Soudain, il vit Énée courir vers lui. Bouleversé de joie, il s'écria à travers ses larmes :

« Enfin, tu es venu ! Je savais que tu braverais pour cela tous les obstacles et les dangers. Laisse-moi te regarder, mon fils, et t'écouter. »

Les joues d'Énée étaient non moins humides de pleurs. Il voulut serrer son père dans ses bras, mais l'ombre pareille aux brises ailées et aux rêves s'échappait de ses mains. Alors il dit :

« C'est toi, père, qui m'as donné le courage de triompher de cette épreuve pour venir jusqu'à toi, en m'apparaissant si souvent dans mes songes. »

Anchise l'emmena visiter cette terre de félicité, ses prairies et ses bois, arrosés par le fleuve Léthé. Autour du fleuve voletaient, tels des essaims d'abeilles, des nations et des peuples innombrables, et l'air bourdonnait de leurs murmures. Énée s'étonna de ce mystère :

« Quel est ce fleuve ? demanda-t-il. Et quelles sont ces âmes qui couvrent ses berges de leur nombreux cortège ?

— Ces âmes, expliqua Anchise, sont condamnées à connaître une nouvelle existence terrestre. Mais avant de renaître là-haut, elles doivent

boire à ce fleuve dont les eaux paisibles apportent l'oubli.

— Est-il possible, ô père, que des âmes désirent posséder à nouveau un corps de chair ?

— Les âmes de tous les morts viennent aux Enfers pour y être purifiées de tout le mal et de toutes les souillures. Puis elles sont envoyées ici, dans l'Élysée et, au bout de mille ans, un dieu les convoque au bord du Léthé, afin qu'elles se préparent à retourner dans le monde des vivants. »

Puis Anchise conduisit son fils sur un tertre élevé, d'où leur regard pouvait embrasser cette interminable procession, afin qu'Énée apprenne à reconnaître leurs visages au passage.

« Je désire depuis longtemps te montrer et te dire les noms des héros qu'engendrera notre race, pour que ton cœur se réjouisse d'avoir trouvé l'Italie. À présent, je vais te révéler les choses futures, car parmi cette multitude qui défile sous nos yeux se trouvent les âmes illustres qui couvriront notre nom de gloire.

« Vois-tu ce jeune homme qui s'appuie sur une lance sans fer ? C'est Silvius, le fils que te donnera Lavinie au soir de ta vie, et qu'elle élèvera dans les bois. Et puis voici Procas, en compagnie de Numitor : tous deux seront rois d'Albe la Longue. Celui-là est Silvius Énée, qui fera revivre ton nom, et te ressemblera par la piété et le courage guerrier. Ce sont de fiers jeunes hommes, conviens-en. Maintenant, observe celui-ci dont le chef s'orne de deux aigrettes. C'est Romulus, fils de Mars. C'est lui qui donnera à Rome son site et ses remparts, la préparant à devenir la grande souveraine du monde. Regarde aussi ces gens, tous de ta race, les Romains. »

Énée contemplait avec émerveillement les fameux héritiers de son sang que son père désignait à son attention, chefs, empereurs, héros qui allaient contribuer un jour à la grandeur de Rome, et, insigne entre tous, Auguste, qui ramènerait l'âge d'or dans l'Italie et étendrait encore les frontières de son vaste empire.

Et tandis que ce cortège se déroulait sous ses yeux et que son père lui prédisait les grands événements qui marqueraient l'histoire de Rome, Énée sentait croître dans son cœur l'amour de la gloire et la confiance dans l'avenir.

Anchise ne lui cacha pas les dures épreuves et les guerres qu'il aurait à affronter, et le conseilla sagement sur la façon d'éviter ou de triompher des obstacles.

Puis vint — trop tôt hélas ! — le temps de se séparer. Anchise, tout en parlant, raccompagna son fils ainsi que la Sibylle jusqu'à la porte d'ivoire éblouissant par où sortent les songes d'avant minuit.

Et il les regarda longuement s'éloigner vers le monde des vivants.

La guerre du Latium

ÉNÉE A REMERCIÉ LA SIBYLLE et ils se séparent dans les bois qui dominent la ville de Cumes ; puis le Troyen redescend vers le port où l'attendent ses vaisseaux, la proue dressée sur le rivage.

Une fois encore, la flotte lève l'ancre et longe la côte italique en direction du nord, poussée par un bon vent arrière. Neptune veille sur elle et guide ses navires jusqu'à l'embouchure où le Tibre mêle ses flots à la mer. L'endroit offre des plages de sable blond, bordées de forêts épaisses. Les Troyens y abordent, tout en se demandant si ces rivages sont bien ceux de la patrie promise.

Dans cette partie du pays vivaient les Latins ou Laurentins (du nom d'un laurier consacré à Apollon). Leur roi, Latinus, était un homme âgé ; son long règne s'était jusque-là déroulé dans la paix. Il disait descendre de Saturne, et son unique fils avait été tué dans sa prime jeunesse. Mais il avait une fille, Lavinie, que courtisaient de nombreux jeunes gens de toute l'Italie et, parmi eux, Turnus, roi des Rutules voisins. De loin il surpassait tous ses rivaux en beauté et Amata, l'épouse de Latinus, souhaitait ardemment l'avoir pour gendre. Lavinie était sur le point d'épouser Turnus quand deux événements remarquables firent hésiter son père.

Le premier fut l'arrivée d'un essaim d'abeilles qui choisirent, pour suspendre leur nid, le laurier sacré d'Apollon qui s'élevait dans la cour du palais. Le devin vit là le présage que des étrangers allaient venir s'établir dans le pays et feraient de la cité leur bastion.

Le second prodige fut encore plus merveilleux : la chevelure de Lavinie prit subitement feu, les flammes et les étincelles crépitèrent sur sa tête, formant un halo de lumière sans la brûler. Ce qui parut signifier à la fois grande renommée pour la jeune fille, mais guerre dévastatrice pour son peuple.

Latinus consulta l'oracle du pays. Après avoir immolé cent brebis, il entendit une voix lui répondre des profondeurs du bois sacré : « Ne donne pas ta fille à un homme de la race latine. Celui qui doit être son époux est arrivé après avoir traversé bien des mers.

Il élèvera ton peuple au-dessus des autres nations, dans un lointain avenir. »

Latinus ne garda pas pour lui la réponse de l'oracle, et déjà la nouvelle s'en était répandue dans le Latium quans les Troyens débarquèrent à l'embouchure du Tibre. On attendait impatiemment l'heure de rencontrer ces étrangers.

Cependant, les navigateurs avaient dressé leur campement auprès de leurs navires et vivaient frugalement des provisions qui leur restaient et de ce que la nature leur offrait. Un jour qu'ils avaient cueilli des fruits, ils les posèrent sur des galettes dures, ne se souciant ni de tables ni d'assiettes. C'était un maigre repas et, comme la faim les tenaillait encore, ils en vinrent à manger les galettes, toutes dures qu'elle étaient. « Eh bien ! plaisanta le jeune Ascagne, voici que nous mangeons nos tables ! » Au lieu des rires, un silence stupéfait accueillit ses paroles. Chacun se souvenait de la prédiction de Céléno la Harpie : « Vous ne vous établirez en Italie qu'après qu'une faim terrible vous aura forcés à manger vos tables ! » Revenus de leur stupeur, tous se congratulèrent en riant : la longue errance était bien terminée, ils avaient trouvé la patrie ! Aussitôt, leurs prières montèrent vers les dieux, accompagnées d'offrandes. En réponse, Jupiter fit par trois fois gronder le tonnerre, par trois fois l'éclair d'or zébra le ciel.

Le lendemain, dès le jour naissant, ils explorèrent les environs, puis, sous les ordres d'Énée, bâtirent une cité fortifiée de remparts et de fossés, afin de se protéger contre toute attaque éventuelle. Par mesure de prudence encore, Énée dépêcha chez le roi Latinus des ambassadeurs chargés de lui apporter des présents et de lui demander la paix.

Le roi leur fit bon accueil et voulut savoir dans quel but ils venaient visiter son pays. L'un des envoyés lui expliqua comment le destin les avait guidés jusqu'en ces lieux, après la destruction de Troie. Et Latinus qui gardait présent à l'esprit son récent oracle leur dit : « Je vous attendais ; quant à votre chef Énée, il peut venir me voir, il sera bien reçu. De plus, je souhaite qu'il rencontre ma fille Lavinie. »

Il leur fit cadeau à chacun d'un cheval et envoya à Énée un char tiré par deux superbes coursiers. Les envoyés regagnèrent donc leur camp tout joyeux, porteurs de leur message de paix. Quelques jours plus tard, Énée rendait visite à Latinus et rencontrait Lavinie. Et déjà le vieux roi se réjouissait de voir s'accomplir les oracles.

Hélas ! la rancune de la terrible Junon à l'égard des Troyens ne désarmait toujours pas. Quand elle les voit s'installer sur la terre ferme et bâtir leurs maisons, elle se hérisse de colère. Tous ses efforts pour entraver leurs plans ont échoué jusque-là, mais elle refuse sa défaite et conçoit bientôt une nouvelle machination. Des profondeurs du Tartare, elle fait venir Alecto, la fille de Pluton et la plus odieuse des Furies, qui se plaît à semer la discorde et les horribles guerres. Sur l'ordre de Junon, elle entreprend de saper la paix récemment conclue entre Troyens et Latins, et d'inspirer aux deux camps une fureur meurtrière.

Alecto assiège d'abord Amata, la reine latine dont elle infecte le cœur et l'esprit de son venin malfaisant. La pauvre reine en perd la raison. Elle cache sa fille dans une forêt, puis va de ville en ville exciter la haine des femmes contre les étrangers. Puis Alecto vole tout droit chez Turnus, qui regardait déjà Lavinie comme sa femme. Tandis que le jeune homme sommeille, la Furie s'empare de son esprit et lui parle en songe : « Souffriras-tu que l'étranger prenne ce qui te revient de droit ? demande-t-elle. Prends

les armes, hâte-toi de détruire les Troyens. »
Perfidement, elle insinue la haine dans le cœur
du jeune homme. Il s'éveille en sursaut, tout
frémissant de rage jalouse, et cherche aussitôt
son épée. Puis il prépare son armée à combattre
ceux qu'il considère désormais comme de dangereux envahisseurs. Le voilà résolu à délivrer
l'Italie de la menace troyenne.

Satisfaite, Alecto déploie ses sombres ailes où
sifflent des serpents et va répandre ses ardeurs
maléfiques parmi les peuples du Latium. Ceux-ci bientôt n'ont plus qu'un désir : anéantir ces
hommes venus d'ailleurs. D'un simple incident
de chasse, la sinistre déesse fait naître la discorde. Latins et Troyens, prêts à s'entretuer,
s'assemblent. L'incendie couve dans les deux
camps.

Dans son palais, le roi Latinus se voit assiégé
par une foule en délire qui réclame la guerre.
Turnus est arrivé avec son armée et excite les
enragés par ses appels aux armes. En vain Latinus leur résiste et tente de les ramener à la raison. De guerre lasse, le vénérable roi abandonne
le pouvoir et s'enferme au fond de son palais.

L'usage en ce temps-là (comme aux jours de la
Rome impériale) voulait qu'on ouvrît les portes
de la guerre lorsqu'éclatait un conflit. Puisque
Latinus refusait de déclarer la guerre à Énée et
d'ouvrir ses portes, Junon descendit des cieux et
les poussa de sa propre main.

À ce signal, toutes les tribus d'Italie se préparèrent furieusement à entrer en campagne. Tout le
pays bourdonnait d'activité, forgeant des cuirasses et des armes sur l'enclume. À pied, à cheval, les hommes accouraient par milliers ; les
trompettes sonnaient au milieu des cris de
guerre ; les chefs recrutaient leurs troupes.

Délaissant leurs pâturages montagnards, leurs
champs des fertiles vallées, leurs villages de
pêcheurs sur la côte, leurs vergers plantés d'oliviers et de pommiers, tous venaient gonfler les
rangs des bataillons. Osques, Sabins, Saticules
farouches, gens de Soracte et de Flavinie, contingents de Rutules et de Sicanes défilaient dans
la plaine. Les uns portaient des javelots et de
courtes épées, les autres des frondes et des arcs,
et des carquois bruissants de flèches. D'autres
encore tenaient des lances et des épieux, terribles à la bataille. Rang après rang, les fantassins
s'avançaient à travers la plaine, faisant trembler
le sol sous leurs pas.

Nombreux furent les chefs et les fameux guerriers qui s'allièrent à Turnus, mais le plus étonnant de tous était la guerrière Camille, fille de
Metabus, chevauchant à la tête de ses escadrons
resplendissants d'airain. Metabus, roi tyrannique, avait été chassé par son peuple et dut
s'enfuir dans les montagnes, emportant la petite
Camille dans ses bras. Traqué par les soldats, il
se retrouva devant un fleuve aux eaux tumultueuses gonflées par les pluies. Seul, il eût pu
traverser à la nage, mais il y avait l'enfant, et ses
poursuivants le pressaient. Alors Metabus attacha solidement à son javelot sa fille enveloppée
dans de l'écorce de liège et, tenant la hampe
dans sa puissante main, il implora Diane chasseresse en ces termes : « Je te dédie cette enfant
comme servante, ô déesse. Fais qu'elle franchisse saine et sauve cette rivière. »

Puis il brandit son javelot et le lança par-dessus
les flots. Avant qu'il ait lui-même plongé dans
l'eau glacée du fleuve, le javelot avait touché la
rive, avec son précieux fardeau. C'est ainsi que
Camille vécut avec son père dans les bois de ces
montagnes et apprit de lui à chasser et à se battre. Fidèle à sa promesse, Metabus offrit sa fille
à Diane, et elle devint la prêtresse dévouée de la
déesse des forêts. Toutefois, la présence de
Camille aux côtés de Turnus dans la lutte contre
les Troyens n'était pas faite pour plaire à Diane.

Ses alliés réunis autour de lui dans la forteresse
latine, Turnus est maintenant prêt à livrer
bataille. Le voici qui élève son étendard
au-dessus des remparts : les hostilités sont
déclarées ouvertes par ce signal, et le vœu de
Junon est exaucé.

Le bouclier d'Énée

TANDIS QUE TURNUS ET SES ARMÉES se massaient autour de la cité latine, les Troyens se préparaient pour leur part à une guerre qu'ils ne pouvaient plus désormais éviter. Chaque jour, on renforçait les défenses du camp, on affûtait les armes, on stockait les vivres pour le cas où l'on aurait à soutenir un siège. La nuit, autour des feux, ceux qui avaient combattu à Troie faisaient le récit de leurs exploits devant les jeunes, impatients de s'illustrer à leur tour dans les combats.

Énée, lui, ne cessait de se tourmenter. En tant que chef, il se sentait responsable de la vie de ses hommes, et s'inquiétait des dangers auxquels il allait les exposer. Une nuit, alors qu'accablé sous le poids des soucis il ne peut trouver le sommeil, il se relève de sa couche pour marcher dans l'air glacé au bord de l'eau. Au passage, il adresse un mot à chaque sentinelle qui veille sur le camp, puis descend vers le fleuve. Là, il s'assied et contemple les eaux sombres ; enfin, il s'étend sur la berge et sombre dans un demi-sommeil troublé de rêves. Alors, dans cet état à moitié conscient, il voit une forme vaporeuse monter du fleuve.

« C'est moi, Tiberinus, le dieu de ce fleuve riant, dit l'apparition. Ce pays t'a longtemps attendu, prince de race divine, c'est ici la demeure qui t'a été fixée. Non loin de l'emplacement de ta future cité, ton fils Ascagne fondera Albe au nom clair. Mais tout ceci repose encore dans le futur. Auparavant, tu vas connaître un temps de rude épreuve. Trouve-toi des renforts. Demain, remonte le cours de mon fleuve jusqu'à la ville de Pallantée où règne Évandre l'Arcadien. Bien que de la race de tes vieux ennemis les Grecs, ce sera ton meilleur allié. Mais avant de te mettre en route, tu trouveras sur le rivage une laie toute blanche, allaitant ses trente porcelets : offre-les en sacrifice à Junon, afin de fléchir son courroux. »

Et la vision s'évanouit. Déjà les rayons du soleil levant embrasaient l'orient du ciel quand Énée s'éveilla. Plein d'une résolution nouvelle, il se mit en devoir de suivre les instructions du dieu. Il choisit pour le voyage deux bateaux de sa flotte, réunit quelques compagnons avec

61

leurs armes ; mais, avant de s'embarquer, il immola à Junon la laie toute blanche et ses petits qu'il découvrit, couchés sur la rive verdoyante, à proximité des navires. Alors Ascagne et les autres Troyens regardèrent les vaisseaux disparaître à une courbe du fleuve puis retournèrent à leurs travaux.

Au début, les compagnons d'Énée rament vigoureusement pour remonter le courant, mais bientôt ils s'aperçoivent que le Tibre lui-même les aide ; au lieu de s'écouler rapidement vers la mer, ses flots se tiennent immobiles pour leur faciliter le passage.

Vers le soir, ils arrivèrent à la cité d'Évandre. Ce jour-là, les habitants de Pallantée s'étaient rassemblés dans les bois sacrés au bord du fleuve, pour célébrer la fête d'Hercule, leur protecteur. Avant d'aborder au rivage, les Troyens les saluèrent de leurs bateaux, tendant les rameaux d'olivier qu'ils apportaient en signe de paix. Évandre et son fils Pallas fendirent la foule pour se porter à leur rencontre. Énée expliqua au roi comment les Latins, après leur avoir fait bon accueil, s'étaient retournés contre eux et se préparaient à les chasser d'Italie.

« Les Latins ne sont pas nos amis, répondit Évandre. Viens te joindre à notre fête ; demain, nous scellerons notre alliance. »

On assit les Troyens aux places d'honneur et, lorsque la nuit eut recouvert le bosquet sacré, la célébration du sacrifice reprit. Conduits par le roi, les prêtres, la tête ceinte de feuilles et portant des flambeaux, couvrirent les autels d'offrandes.

Les chants et le banquet se poursuivirent fort tard dans la nuit. À l'aube, la cérémonie accomplie, tous s'en retournèrent à la ville. Le vieil Évandre, soutenu par Énée et son fils, s'entretenait avec eux du passé. Lui aussi, comme le Troyen, avait été chassé de sa patrie et conduit par les Parques en Italie. Le long du chemin, il fit admirer au visiteur des vestiges d'anciens monuments. « Autrefois, expliqua-t-il, des faunes et des nymphes peuplaient ces bois, ainsi qu'une race d'hommes, née des chênes. C'était un peuple très primitif, qui ne savait ni travailler la terre ni garder des vivres pour l'hiver. Détrôné de l'Olympe, Saturne se réfugia ici et apprit à ces hommes indociles à vivre en bonne société par le respect des lois qu'il leur donna. Peu à peu, ils surent labourer la terre et vécurent dans l'harmonie et l'abondance durant cet âge d'or. Pareille prospérité ne devait durer éternel-

lement. La vieille nature de l'homme réapparut et, avec elle, le désir d'accroître ses richesses, la rage de combattre, l'envie de dominer. Un tyran succéda à l'autre, chaque fois pire que le précédent, et cela se poursuivit jusqu'au jour où moi-même, je vins me fixer ici. »

Bien qu'Énée ne pût le savoir, il foulait en ce moment le sol où s'élèverait plus tard la noble ville de Rome. L'endroit était presque entièrement envahi par les arbres et un épais sous-bois. Parmi ce fouillis de buissons sauvages, maints lieux allaient devenir célèbres dans l'histoire. Ici s'élevait le bois sacré qu'un jour Romulus nommerait Asile ; ses rochers abritaient la grotte de Lupercalus, où une louve fameuse trouverait refuge. Là encore se dressaient la roche qui recevrait le nom de Tarpéienne et le mont où serait bâti le temple de Jupiter Capitolin.

Arrivé à sa demeure, Évandre montra à Énée un humble lit de feuilles où celui-ci, fatigué de son voyage, s'étendit pour s'endormir aussitôt.

Cependant, dans le royaume des dieux, Vénus s'alarmait plus que jamais pour son fils sur qui s'amoncelaient tant de menaces. Tandis qu'elle reposait dans la chambre d'or auprès de son époux Vulcain, le maître du feu, elle le supplia d'employer tout son art à forger des armes pour Énée. Vénus elle-même possédait tous les secrets d'un art très féminin, la persuasion, et Vulcain, succombant au pouvoir de sa beauté, ne résista pas longtemps. Le lendemain, le puissant dieu du feu se rendit à sa forge, située dans un antre profond, sous l'île Vulcanie, voisine du mont Etna. Là, trois immenses Cyclopes étaient déjà à l'œuvre, fabriquant les objets commandés par les dieux : l'un martelait une foudre pour Jupiter, l'autre achevait un char pour Mars, le troisième façonnait une armure pour Minerve.

« Laissez ces travaux, ordonne Vulcain, et consacrez votre force et votre adresse à une autre tâche : nous devons faire des armes pour un héros ! »

Aussitôt, le métal fondu coule à flots, et la caverne résonne du rythme des marteaux, du grondement de la fournaise. Les Cyclopes se partagent la besogne, façonnent le casque, le bouclier, la cuirasse, forgent l'épée et la lance, polissent les cuissards.

Tandis que Vulcain s'active en secret, Évandre et Énée s'éveillent et se souviennent des promesses échangées la veille : ils doivent s'entretenir de la guerre que les Troyens auront à mener. Ils viennent s'asseoir dans la cour du palais : Pallas se tient aux côtés de son père, et Achate accompagne Énée. Le roi Évandre prend la parole : « Grand chef- des Troyens, dit-il, tu es venu demander notre alliance. Nous sommes un petit royaume plutôt démuni, nos armées sont peu nombreuses, mais tu peux compter sur notre soutien. En outre, nous avons de puissants voisins, les Étrusques, qui ne manquent pas de bonnes raisons pour unir leurs forces aux nôtres. Il y a peu, un affreux tyran du nom de Mézence les tenait sous son joug cruel. Ils se sont révoltés contre lui, mais il a échappé à leur vengeance et vit toujours, réfugié chez Turnus. Étrange destin qui t'amène ici, au moment même ou les Étrusques se préparent à la guerre, afin de capturer Mézence et le punir de ses crimes. Ils n'attendent qu'un chef pour conduire leurs troupes, car un ordre des dieux leur a enjoint de choisir un chef étranger. Ils m'ont offert d'assumer cette insigne fonction, mais tu le vois bien, je suis trop vieux pour accepter. C'est toi, Énée, toi que soutiennent les puissances divines, qui dois marcher à la tête de ces hommes. Ils te reconnaîtront sans murmurer pour leur chef. Va les trouver de ma part, et prends mon fils Pallas avec toi. »

Énée réfléchissait à cette proposition nouvelle, quand un signe, adressé par sa mère, vint lui témoigner qu'elle approuvait l'offre d'Évandre : l'azur matinal fut soudain traversé d'éclairs, le tonnerre mugit comme une fanfare de trompettes guerrières. Les hommes lèvent les yeux : à travers un nuage, ils voient les armes rutiler, entendent le fracas des épées et des lances qui s'entrechoquent. Chacun demeure immobile et muet d'effroi. Seul Énée comprend le message de la déesse et rassure son hôte : « C'est à moi, dit-il, que s'adresse ce prodige. La déesse qui m'a donné le jour m'a promis qu'elle m'enverrait ce signe, si la guerre éclatait. »

Puis il retourne à ses vaisseaux, et, ne gardant avec lui qu'une élite de vaillants guerriers, renvoie le reste de ses compagnons au camp des Troyens pour tenir son fils et les autres au courant de ces événements.

Au moment de partir pour l'Étrurie, Énée reçut d'Évandre une troupe de jeunes cavaliers conduite par Pallas et, pour lui-même, un magnifique coursier couvert d'une peau de lion. Le vieux roi, plein de craintes pour son fils, serre Pallas entre ses bras sans pouvoir retenir ses larmes.

Peu après, on ouvrait les portes de la ville et tous ceux qui restaient regardèrent avec une infinie tristesse la cavalerie s'éloigner au galop vers les champs étrusques, en soulevant des nuages de poussière. Qui pouvait dire si ces hommes vaillants reviendraient, si seulement ils devaient jamais revenir ?

Avec les Étrusques, les négociations se déroulèrent sans heurt. Connaissant déjà la renommée d'Énée, ils l'accueillirent comme le champion qu'ils attendaient avec tant d'impatience, et s'empressèrent d'unir leur cause à la sienne. Sur-le-champ, des messagers furent envoyés de cité en cité pour annoncer la nouvelle. De toutes parts, on enrôla des hommes qui formèrent bientôt une imposante armée.

Tandis que les chefs troyens et étrusques examinaient ensemble divers plans de campagne, Énée se promenait à l'écart dans un bois. Comme il s'enfonçait sous les arbres, il vit soudain apparaître devant lui une forme éblouissante : Vénus est venue elle-même porter à son fils ses présents. Elle dépose au pied d'un chêne des armes étincelantes et disparaît comme elle est apparue.

Heureux et fier d'un tel honneur, Énée tourne entre ses mains chaque objet, admirant la finesse de son travail : ce casque et son aigrette d'un rouge sanglant, cette resplendissante cuirasse d'airain, cette épée et cette lance qui portent des coups mortels, et les cuissards d'électrum et d'or forgés exactement à sa mesure. Mais, par-dessus tout, le bouclier l'emplit d'émerveillement : le dieu du feu y a gravé en fines ciselures toute l'histoire de Rome et de ses triomphes. Toute la suite des descendants futurs d'Ascagne, dont il avait vu le visage aux Enfers, était représentée, là, en des portraits frappants d'exactitude et de vie.

Énée admirait ces merveilles sans comprendre le sens des événements figurés, mais, tout en les contemplant, il se sentait soulevé par un sentiment de grandeur, comme chargé d'une mission sacrée. Il souleva le bouclier, le soupesa : malheur à ceux qui viendraient se briser sur ce rempart, œuvre d'un dieu ! Alors, chargeant sur son épaule les destins de son peuple, Énée s'en revint tout pensif au campement des Étrusques.

Le siège

Pendant qu'Énée, au loin, s'adjoignait le renfort des Étrusques, Turnus profitait de son absence pour marcher sur le camp des Troyens, comme le lui conseillait Iris, l'envoyée de Junon. Déjà, les sentinelles du camp voyaient ses armées assombrir l'horizon telle une nuée noire. Aussitôt l'alarme fut donnée. Les hommes coururent aux remparts, prêts à se servir de leurs armes, les portes furent solidement fermées et garnies de défenseurs. Certes, les Troyens auraient préféré affronter l'ennemi en bataille rangée, mais Énée leur avait ordonné de se borner en son absence à défendre le camp, à l'abri des retranchements de bois.

Impatient de se battre, Turnus galopait en tête, à bonne distance de son armée, escorté d'une vingtaine de cavaliers d'élite. Coiffé d'un casque d'or à plumet rouge, il arrive devant le camp, brandit son javelot et le lance. Au milieu des cris de guerre, il fait le tour de l'enceinte troyenne, cherchant la faille par où s'introduire dans le camp. Il s'attendait à rencontrer des ennemis dans la plaine et s'irrite de leur inaction autant que de son impuissance. Comment les attirer hors de leur fortification ? Il les traite de couards, les défie de sortir combattre comme des hommes. Sans s'émouvoir, les Troyens le regardent du haut des palissades et refusent de répondre.

Cependant, le reste de l'armée est arrivée et se dispose, rang par rang, en bataillons disciplinés. Mais que peuvent-ils contre cet adversaire obstinément retranché dans son camp ? Soudain, Turnus aperçoit les navires troyens dissimulés par un rempart de terre, entre le camp et le fleuve. Aussitôt il ordonne :

« Armez-vous de torches enflammées ! Nous brûlerons leur précieuse flotte, pour les forcer à se battre ! »

Sous l'œil désespéré des assiégés, les Latins se munissent de brandons enflammés et foncent vers les vaisseaux, Turnus à leur tête. Ce qui arriva ensuite frappa de stupeur les deux camps.

Le bois dont étaient faits les navires troyens provenait d'une forêt sacrée consacrée à la Mère des dieux ; la grande Cybèle avait offert ses arbres à Énée et obtenu de Jupiter que les navires ne fussent jamais détruits. Les robustes planches et madriers de pin, d'érable et de chêne avaient accompli leur tâche en amenant Énée et son peuple en Italie. Fidèle à sa promesse, Jupiter permit à Cybèle de transformer les bateaux en divinités marines. Comme Turnus approchait de la flotte, une torche à la main, une lumière resplendit dans le ciel, et un énorme nuage accourut de l'Orient, entraîné par une musique de chœurs célestes.

Puis une voix terrible, figeant d'épouvante Turnus et ses soldats au moment où ils allaient jeter leurs torches, éclata dans la nue :

« Ne prenez pas les armes, Troyens, pour défendre mes navires. Turnus ne peut rien contre eux, ni quiconque désire leur nuire. »

Puis Cybèle s'adressa aux bateaux :

« Allez en liberté, déesses de la mer, allez : votre mère vous l'ordonne. »

Aussitôt les vaisseaux tanguent et rompent les amarres qui les retenaient à la rive, et plongent sous l'eau comme des dauphins. Quand le remous des vagues s'est apaisé, à la place des navires disparus surgit un essaim de nymphes qui jouent et dansent près du rivage, puis s'éloignent vers la haute mer en fendant l'eau de leurs poitrines.

Les Rutules sont emplis d'effroi ; seul Turnus n'est pas ébranlé par cette étrange métamorphose. Sûr de lui, il harangue ses hommes :

« Que les lâches Troyens tremblent devant ces prodiges, c'est à eux qu'ils s'adressent, non à nous ! Jupiter lui-même leur a ravi tout moyen d'échapper. Ils sont pris au piège de leurs remparts de bois. Voici une seconde Troie. Mais nous n'avons pas besoin de ruse ni de cheval de bois pour la détruire. Nous ne sommes pas des Grecs à qui il faut dix ans pour prendre une cité. Une journée nous suffira. Demain verra la mort de ce ramassis de Troyens ! »

Entre-temps, la nuit est tombée. Turnus ordonne à ses troupes d'entourer le camp ennemi de sorte que personne n'en puisse s'échapper. Des feux de bivouac sont allumés partout et, toute la nuit, des hommes se relèvent sur l'herbe, mangent et boivent, et s'abandonnent qui au sommeil qui à l'ivresse.

Dans le camp troyen, nul ne songe à dormir, il y a trop à faire en vue de l'assaut inévitable du lendemain. On observe du haut des murs le manège de l'adversaire, on visite et inspecte chaque porte, on joint par des ponts les tours aux remparts, on fourbit les armes, et chacun veille à tour de rôle. L'absence d'Énée les rend anxieux : doivent-ils suivre ses instructions à la lettre, ou prendre l'initiative d'une sortie impromptue ? Les chefs aimeraient dépêcher un message à Énée pour l'informer de la tournure des événements, mais les lignes ennemies semblent infranchissables, et la situation sans issue. Parmi ceux qui montaient la garde, cette nuit-là, se trouvaient deux jeunes et inséparables amis, Nisus et Euryale, aussi pressés l'un que l'autre de montrer leur valeur. Ils conçurent le projet de sortir du camp pour parvenir jusqu'à Énée, et firent part à leurs chefs de leurs intentions. Ceux-ci, impressionnés par la résolution des jeunes gens, acceptèrent qu'ils tentent cette entreprise hasardeuse.

Nisus et Euryale furent hissés silencieusement par-dessus la palissade, puis ils franchirent les fossés en rampant et se glissèrent furtivement dans l'ombre de la nuit. Les feux des ennemis rougeoyaient faiblement, un vaste silence régnait parmi les Rutules assoupis. Sans hésiter, les deux amis se portèrent de groupe en groupe, poignardant, égorgeant les guerriers endormis afin que nul ne puisse donner l'alarme ni les suivre.

Mais la lune se levant au-dessus des arbres leur rappela qu'il était temps de s'éloigner de ces parages dangereux. Ils ramassèrent un grand butin d'armes et gagnèrent le couvert des bois. Las ! il était trop tard. Une compagnie de cavaliers qui rentrait d'une tournée d'inspection aperçut leur fuite et les reflets de lune sur le métal des casques.

« Arrêtez, guerriers ! Où courez-vous ? » cria le chef.

Sans répondre, Nisus et Euryale s'enfoncèrent en courant dans le sombre taillis hérissé de broussailles, où les cavaliers les poursuivirent aussitôt. Nisus avait réussi à s'échapper au fond des bois, mais Euryale, pris dans des ronces épaisses, se retrouva cerné par une bande de Rutules furieux.

Plutôt que d'abandonner son ami, Nisus revint silencieusement sur ses pas et vit, à travers le feuillage, Euryale qui tentait farouchement de résister à l'ennemi. Murmurant à Diane chasseresse une courte prière, Nisus lança coup après coup ses deux javelots en direction des cavaliers : les deux armes atteignirent leur cible. Deux Rutules tombèrent morts.

Ne sachant d'où partaient ces traits mortels, leur chef furieux s'élançait déjà sur Euryale, l'épée levée.

Épouvanté, Nisus poussa un grand cri et sortit en courant de sa cachette.

« Ce n'est pas lui ! cria-t-il. C'est moi qui ai tout fait. C'est moi qu'il faut punir ! »

Mais l'épée avait déjà transpercé son ami et, l'instant d'après, Nisus expirait à son tour, percé de coups.

Dès l'aurore, Turnus rassembla ses troupes pour le combat. La découverte des guerriers égorgés pendant leur sommeil et gisant près des feux redoublait la rage des survivants, bien résolus à pénétrer dans le camp pour venger ce carnage.

Du haut de leurs retranchements, les Troyens écoutaient les appels des trompettes guerrières et se préparaient à repousser l'assaut des soldats massés sous les murs.

L'ennemi, abrité sous un toit de boucliers, formait une tortue géante qui se rua vers les fossés pour tenter d'escalader les remparts à l'aide d'échelles. Les archers latins envoyaient des volées de flèches destinées à couvrir les assaillants tandis que les assiégés, eux, déversaient du haut des murs des jets d'énormes pierres sur la carapace des boucliers.

Un groupe de Troyens occupaient une vaste tour de bois d'où partaient sans relâche leurs traits. Les guerriers italiens se portèrent de ce côté et finirent par mettre le feu à la tour à l'aide de torches ardentes, et bientôt la tour s'effondra avec sa garnison, écrasant les hommes sous ses poutres fumantes.

La bataille faisait rage, décimant les braves dans les deux camps. Ascagne, dont c'était le premier combat, se risquait sans cesse aux endroits les plus exposés. Lui qui n'avait jusque-là employé ses armes qu'à poursuivre les animaux des bois, exerçait à présent ses forces contre des vétérans endurcis. Un homme, entre autres, excitait sa colère, un certain Numanus qui paradait en première ligne, lançant aux Troyens de cruels sarcasmes sur leur lâcheté. Le fils d'Énée ne peut supporter plus longtemps ces insultes et abat l'arrogant Rutule d'un trait mortel. Enflammés par l'exploit de l'enfant, les Troyens poussent jusqu'au ciel les clameurs d'un orgueilleux triomphe.

Cependant, les dieux suivent du haut de l'éther le déroulement de la bataille. Junon excite Turnus et ses guerriers, Vénus encourage et conseille les compagnons d'Énée. Voyant Ascagne exposé aux dangers, elle appelle Apollon à son secours. Le dieu descend du ciel déguisé en vieillard et adresse au jeune Iule les paroles suivantes :

« Prends garde à toi, fils d'Énée, ta vaillance est grande, mais qu'il te suffise d'avoir abattu Numanus. Un plus grand destin t'attend. L'avenir de ton peuple dépend de toi. Contiens son ardeur et ne t'expose pas inutilement au danger. Sois brave, mais non téméraire. »

À contre-cœur, l'enfant renonce au combat, et le dieu disparaît dans l'éther.

À mesure que le jour avance, découvrant le sol jonché de flèches et de cadavres, la lutte se fait plus âpre et plus sauvage. Or voici que, désobéissant aux ordres de leurs chefs, deux frères troyens, Pandarus et Bitias, surestimant leurs forces, ouvrent soudain la porte confiée à leur garde et se campent de chaque côté comme des tours, défiant l'ennemi de pénétrer à l'intérieur du camp.

Voyant le passage ouvert devant eux, les Rutules se précipitent ; tous leurs assauts sont repoussés par les terribles frères dressés comme des chênes sur le seuil de la porte.

Pendant ce temps, Turnus se bat furieusement en un autre point des remparts. Un guerrier vient le prévenir que l'ennemi a de lui-même ouvert ses portes. Le chef rutule voit enfin s'offrir à lui une chance d'entrer dans le camp. Il abandonne son attaque et, traversant au galop le champ de bataille, accourt de ce côté. Les Troyens se sont massés près de la porte et osent s'avancer devant les remparts. Turnus les

charge fougueusement, semant la mort dans leurs rangs. Alors il voit Bitias qui, le cœur frémissant, vient lui barrer le passage. Il prend un lourd javelot long de trois pieds et garni d'une pointe de fer (une simple lance ne viendrait pas à bout de ce géant !). Avec un sifflement, l'arme part comme un météore et va frapper la cuirasse à doubles mailles de Bitias. Le géant chancelle et s'effondre.

Echauffés par l'exemple de leur chef, aiguillonnés par Mars et Junon, les Latins sentent la victoire à portée de leurs armes et regroupent leurs troupes pour lancer l'assaut décisif.

De son côté, Pandarus voit le cadavre de son frère et la tournure désastreuse de la lutte. Il pèse de tout son poids sur la porte et parvient à la refermer à grand-peine. Mais, ce faisant, il laisse un grand nombre de Troyens engagés hors des murs dans un combat ardent, et ne voit pas que, du même coup, il a enfermé Turnus dans le camp ! L'impétueux Rutule se bat comme un tigre enragé. Frappant de tous côtés, il disperse les Troyens qui tentent de l'encercler et s'enfonce plus avant dans le camp.

Mais Pandarus, fou de la colère qu'il ressent à la vue du meurtrier de son frère, fend les rangs de ses compatriotes et crie à Turnus qu'il ne sortira pas vivant d'ici. Puis il lui lance son grossier javelot encore couvert d'une rude écorce. Mais Junon détourne le coup qui menaçait son protégé et Turnus, souriant, lève bien haut son épée qu'il abat d'un bras résolu sur le crâne de son adversaire. L'immense Pandarus s'écroule, le chef tranché en deux.

Épouvantés, les Troyens tournent le dos et fuient dans tous les sens. Si Turnus avait en ce moment l'idée d'ouvrir la porte à ses compagnons, c'en serait fait de la nation troyenne. Mais l'impétueux guerrier se laisse entraîner par son appétit de carnage et poursuit son massacre à travers le camp.

Alors les chefs troyens couvrent leurs compagnons de reproches et parviennent à ranimer leur courage. C'est au tour de Turnus de reculer tout en repoussant encore les attaques, car il est trop vaillant pour tourner le dos à l'ennemi. Peu à peu il se retire vers la partie du camp que borde le fleuve. Les Troyens l'y poursuivent et l'assaillent de toutes parts. Le Rutule se sent faiblir. Et, d'un bond vigoureux, il plonge tout armé dans le Tibre. Les eaux le portent doucement vers l'aval et le rendent à la rive, lavé du carnage et prêt à combattre encore.

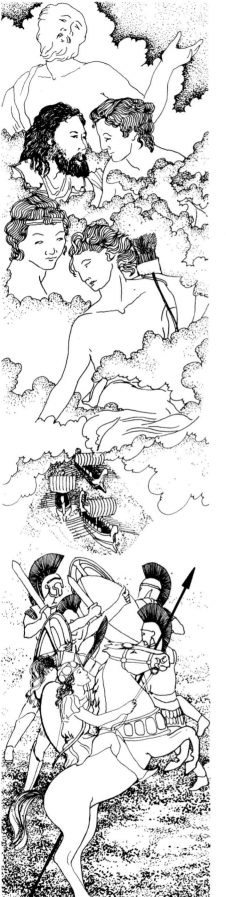

La grande bataille

LE COMBAT qui faisait rage autour du camp troyen, sur les bords du Tibre, apporta la consternation dans l'Olympe. Jupiter convoqua dieux et déesses devant son trône et leur reprocha avec colère d'avoir poussé l'Italie à la guerre, à l'encontre de sa divine volonté. Vénus fut prompte à lui rappeler les responsabilités de Junon dans l'affaire ; et la reine des cieux repoussa avec véhémence une telle accusation.

« Quel crime ai-je commis ? demanda-t-elle, hautaine. Les paisibles Italiens sont menacés par l'envahisseur troyen et craignent pour leur pays. Je n'ai fait que soutenir leur juste cause. »

Cet argument divisa l'assemblée et des débats bruyants emplissaient la haute demeure d'un bourdonnement immense. Le Père des dieux reprit la parole ; à sa voix, on se tut.

« Écoutez ce qu'ordonne Jupiter. Puisque les deux camps désirent cette guerre, que les destins décident de son issue. Je n'interviendrai en faveur de personne, suivez mon exemple. Laissons-les agir, et que la victoire récompense celui qui la mérite. »

Jupiter promena son regard impérieux sur l'assistance et quitta son trône d'or.

Sur la terre, Énée, ignorant tout de la défense désespérée de ses compatriotes, voguait vers eux, à la tête de la flotte étrusque, amenant avec elle de nombreux renforts afin d'affronter Rutules et Latins en bataille rangée. Tarchon, le roi étrusque, avait accueilli Énée comme le chef longtemps souhaité, et scellé sans tarder un pacte d'alliance. Toutes les villes de l'Étrurie avaient levé de nombreuses troupes, et les guerriers affluèrent par milliers vers les vaisseaux, impatients de se battre.

Tandis qu'à la clarté de la lune la flotte naviguait vers le sud, Énée, que l'inquiétude gardait éveillé, tenait le gouvernail de son navire et manœuvrait les voiles. Or, les flots soudain s'animent autour du bateau, et des nymphes apparaissent à sa vue ; celles-là même que Cybèle avait substituées à la flotte troyenne. Reconnaissant Énée, elles l'environnent de leurs chœurs. L'une d'elles, Cymodocée, lui révèle qui elles sont et raconte comment Turnus a assiégé le camp

troyen en son absence. Puis, laissant Énée stupéfait, elle plonge et, avec ses sœurs, accélère la course des bateaux.

L'aube pointait quand la flotte arriva en vue du camp troyen. Tout autour des remparts, l'armée ennemie préparait sa deuxième journée de bataille dans un bruyant remue-ménage.

Énée lève son bouclier bordé d'or et appelle ses alliés aux armes. Du haut de leurs murs, les Troyens l'aperçoivent. Une clameur de joie monte de leur camp. Surpris, les Latins regardent autour d'eux et découvrent les navires qui foncent vers le rivage.

Turnus, toujours confiant en sa vaillance, ordonne à ses hommes d'abandonner le siège du camp pour se porter contre les arrivants et les empêcher d'aborder. Les clairons sonnent tandis que les vaisseaux se rapprochent. Dès qu'ils entrent dans une eau peu profonde, les hommes sautent dans les vagues et courent sur la terre ferme. Énée fond le premier sur les troupes de Turnus et se bat, comme un homme inspiré par les dieux. Les guerriers les plus forts, comme les plus habiles, brisent leurs armes sur son bouclier invincible et tombent sous ses coups.

En un autre point de la bataille, Pallas, le fils d'Évandre, entraîne son bataillon au plus épais de la mêlée. C'est sa première campagne. Hélas, bien qu'il déploie un courage magnifique, ce sera aussi sa dernière. En effet, Turnus promène son regard sur la plaine et découvre les terribles ravages que Pallas et ses cavaliers infligent à ses troupes. De son char qui vole, il fend le flot des combattants, à la rencontre de l'adversaire.

« Pallas, fils d'Évandre, rugit-il, moi seul vais marcher contre toi ! Rappelle tes hommes, et viens te battre en combat singulier. Moi, Turnus, te lance ce défi. »

Le jeune guerrier s'avance sans trembler vers son arrogant ennemi et lui jette de toutes ses forces sa javeline. Celle-ci frôle l'épaule de Turnus qui brandit à son tour sa lance armée de fer en disant :

« Regarde si notre trait n'est pas plus pénétrant ! »

D'un coup vibrant, l'arme traverse le bouclier de Pallas et s'enfonce dans sa poitrine. Le fils d'Évandre est tombé en héros. Triomphalement, Turnus se tient au-dessus du cadavre et lui ravit son large baudrier ciselé en guise de trophée. Cependant, ses compagnons placent Pallas sur son bouclier et l'emportent tristement,

tandis que les guerriers reprennent le combat. La nouvelle de la mort de Pallas se répandit aussitôt dans les rangs des Troyens. Instruit de ce malheur, Énée sentit son cœur s'emplir d'une tristesse mêlée de rage. Il se souvenait du chaleureux accueil d'Évandre, du concours amical que le vénérable roi lui avait offert en l'envoyant nouer une alliance avec les Étrusques, allant jusqu'à donner son unique fils pour soutenir la cause d'un étranger. Cette perte allait infliger au vieil homme une douleur mortelle ! Mais, au cœur de la bataille, il n'y a pas de place pour les larmes et, serrant fermement son glaive, Énée traversa la mêlée comme un ouragan vengeur, fauchant de nombreux ennemis sur son passage. Il n'avait plus qu'un désir : retrouver Turnus et venger la mort de Pallas.

Si les dieux avaient reçu l'ordre de ne pas se mêler à cette guerre, ils continuaient néanmoins à suivre les événements et brûlaient d'intervenir. Quand Junon vit Énée se lancer à la recherche de Turnus, elle ne put tenir plus longtemps.

« Mon tout-puissant époux, implora-t-elle, accorde-moi cette seule faveur. Laisse-moi dérober Turnus à la fureur de l'insensé Troyen. Laisse-moi le soustraire à la vengeance d'Énée. »

Jupiter réfléchit et dit :

« Tu sais que ce guerrier est destiné à périr, tu dois t'y résigner. Je peux t'accorder un sursis et retarder sa mort imminente, rien de plus.

— Ah ! si seulement tu pouvais modifier tes décrets et gratifier Turnus d'une longue vie ! soupira Junon. Je ne puis renoncer tout à fait à cet espoir. »

S'élançant de l'éther vers le champ de bataille, la déesse aussitôt retarde la poursuite d'Énée par des obstacles. Puis, façonnant un nuage à la ressemblance exacte du Troyen, elle dirige ce simulacre vers le lieu où Turnus est en train de combattre.

Le faux Énée lance un hautain défi au Rutule et celui-ci, trompé par les apparences, bondit à sa rencontre et lui lance sa javeline ; l'image d'Énée lui tourne le dos et s'enfuit vers les navires amarrés au rivage. Turnus la poursuit en criant. L'image fugitive grimpe à l'une des échelles et court se réfugier dans les flancs du navire.

« Énée ! crie Turnus en grimpant à bord à sa suite. Viens ici combattre en homme ! Où te caches-tu, lâche ?

Montre-toi, lâche ! Ose donc m'affronter ! »
Mais à peine Turnus a-t-il mis le pied sur le
navire que sa protectrice en rompt l'amarre et le
fait dériver vers la mer. Turnus voit l'image
d'Énée s'évaporer dans les airs, tandis que le
reflux l'entraîne loin du rivage. Le fracas des
armes et les cris des guerriers lui parviennent
plus faiblement, à mesure que son vaisseau
s'éloigne. Turnus ne sait que faire pour arrêter
sa course. Fou de honte, il imagine le mépris de
ses compagnons d'armes à l'annonce de sa
fuite, et tente par trois fois de se donner la
mort. Trois fois la grande Junon retient son
bras et, pour calmer sa douleur, lui envoie un
sommeil profond.

L'armée étrusque s'était jointe à Énée non seulement pour soutenir sa cause, mais aussi, on
s'en souvient, pour châtier le roi Mézence réfugié chez Turnus. Dès que ses troupes furent fermement établies sur le rivage, les chefs se mirent
à la recherche du tyran parmi les lignes ennemies. L'apercevant dans la mêlée, ils serrèrent
leurs rangs et lancèrent contre lui une attaque
vigoureuse. Mézence, cependant, n'était pas un
adversaire faible ; il pare tous les coups et pour-
fend un grand nombre de braves.

Énée, qui cherchait vainement Turnus, aperçut
les Étrusques aux prises avec l'imposant guerrier. Il accourt aussitôt, la lance prête. Mézence
le voit marcher sur lui et lance de loin sa sif-
flante javeline. De son bouclier levé, Énée la
fait dévier en plein vol et lance à son tour sa
javeline. L'arme, forgée par les Cyclopes aux
fournaises des dieux, vole tout droit vers sa
cible et, transperçant le bouclier de Mézence, se
plante dans sa cuisse. Le tyran tombe de cheval,
ensanglanté. Énée tire l'épée du fourreau, impatient d'achever l'adversaire.

Or, comme il s'apprêtait à frapper, on vit un
jeune garçon s'interposer entre lui et le blessé, et
arrêter l'épée de son bouclier. C'était Lausus, le
fils de Mézence, qui, contemplant avec horreur
ce duel, avait bondi pour protéger son père.

« Éloigne-toi, père, criait-il, il en est encore

temps. Je retiens le Troyen présomptueux ! »
Tandis que Mézence rampait péniblement en arrière, les Latins protégeaient sa retraite en accablant l'adversaire d'une pluie de projectiles. Furieux, Énée ne voulait pourtant pas s'attaquer à Lausus et tentait de le dissuader de combattre.

« Tu cours à une mort certaine, lui disait-il. Tu t'es comporté en héros mais ta piété filiale t'aveugle. Renonce et va porter secours à ton père. »

En vain. Le jeune téméraire continuait à le défier. Alors, d'un coup d'épée, Énée trancha sa vie. Toutefois, plein de pitié pour ce noble enfant, il le souleva de terre et le remit à ses compagnons.

Mézence se reposait au bord du Tibre, appuyé à un arbre et respirant avec peine. Lorsqu'on lui apporta Lausus couché sur son armure, Mézence gémit puis se redressa, bouillonnant de fureur. Tout blessé qu'il fût, il rattacha son casque et sa lourde cuirasse, remonta sur son cheval et, serrant un javelot dans chaque main, s'élança au galop au cœur de la bataille. Résolu à venger la mort de son fils ou à mourir, il lançait ses défis à Énée d'une voix forte.

Il le trouva prêt à combattre. Faisant décrire un large cercle à son cheval, il jette sur le Troyen un javelot, puis l'autre. Adroitement, Énée pare les coups avec son bouclier, puis à son tour s'élance et plante sa javeline entre les tempes du cheval de Mézence. L'animal se cabre, frappe l'air de ses sabots, puis s'effondre, écrasant son maître sous le poids de son corps.

Énée court vers l'ennemi, l'épée hors du fourreau. Cette fois, le tyran ne lui échappera pas.

« Je sais que tu vas me tuer, halète Mézence, mais je ne crains pas la mort. Je ne te fais qu'une prière : n'abandonne pas ma dépouille aux Étrusques qui me haïssent, ils me traiteraient comme un chien. Accorde-moi de reposer sous terre aux côtés de mon fils.

— Il sera fait comme tu le demandes, répond Énée, et, d'un seul coup de sa puissante épée, il envoie le tyran au royaume des ombres.

Turnus disparu, Mézence mort, les Latins se retrouvaient sans chef. La bataille prit fin. La victoire revenait aux Troyens et à leurs alliés. Les guerriers des deux camps se retirèrent pour panser leurs blessures. Vainqueurs et vaincus sortaient épuisés d'un si long combat. Grisés de leur triomphe ou accablés par leur défaite, tous dormirent d'un sommeil égal.

Très tôt le lendemain, Énée s'est levé et a dressé sur un tertre un grand trophée en l'honneur de Mars, le dieu de la guerre. Il suspend à un arbre les armes de Mézence, puis adresse un discours aux guerriers qui l'entourent, les félicitant de leur bravoure, et les encourageant à tenir vaillamment jusqu'à la victoire finale.

« Nous avons remporté une grande bataille, mais nous ne sommes pas encore fermement établis sur le sol italique. Il nous reste à marcher sur la cité de Latinus et à battre l'ennemi sur son propre terrain. Sinon, il reviendra nous harceler. Mais tout d'abord, donnons une sépulture aux compagnons qui sont tombés. Accomplissons la cérémonie funèbre, afin que leurs âmes puissent reposer en paix. Souvenez-vous de ceux qui ont péri aux côtés des Troyens ; souvenez-vous de Pallas, le vaillant fils d'Évandre qui a donné sa vie pour notre cause. Que sa dépouille soit ramenée dans sa patrie avec tous les honneurs. »

Car Énée songe à la douleur du malheureux Évandre, lorsqu'il verra revenir son unique héritier porté par ses compagnons d'armes. Il choisit mille guerriers pour escorter Pallas dans son dernier voyage. Enveloppé dans un drap de pourpre, le corps est déposé sur une litière d'osier. Le cortège emporte aussi tout le butin de guerre, les armes, les chars, les chevaux conquis sur l'ennemi : triste hommage offert au courage du jeune héros.

Énée a regardé s'éloigner la longue procession tout en saluant Pallas d'un adieu éternel. À son retour au camp, il trouve des porte-parole envoyés par l'ennemi : ils sollicitent la permission d'enlever leurs morts du champ de bataille pour les ensevelir. Une trêve de douze jours est conclue afin que chacun puisse accomplir les rites funèbres.

À la faveur de cette paix, on s'adonna dans les deux camps à la même tâche douloureuse. On coupait les arbres destinés aux bûchers. Les troncs, apportés au rivage sur des chars gémissants, étaient empilés en grands tas. Les guerriers y déposèrent les corps de leurs camarades et l'on alluma les feux. La fumée s'éleva tandis que résonnaient les trompettes et que les cris de deuil emplissaient l'air. On jeta dans les flammes les dépouilles qui jonchaient le champ du combat, et l'on immola de nombreux animaux. Sur toute la côte, les vivants contemplaient les bûchers qui se consumaient lentement. Enfin, des cendres encore fumantes, ils retirèrent les

ser quand Turnus revint, plus avide que jamais de combats. Convaincu que, cette fois, il mènerait ses armées à la victoire, il retourna l'opinion générale en sa faveur.

Les rites funéraires accomplis et la trêve touchant à sa fin, Énée marcha avec son armée sur le Latium. Il expédia la cavalerie par la plaine, et conduisit les troupes de fantassins par une route à travers les montagnes. La rumeur qu'il approchait se répandit dans la ville de Latinus, semant l'inquiétude. Le conseil du palais s'acheva sans qu'aucun plan de guerre n'ait été arrêté, les gens couraient aux armes, la défense s'effectuait dans la panique.

Alors Turnus prit les rênes en mains. Il inspecta la garnison des murs et des tours qui protégeaient la ville, enrôlant tous les individus mâles, adultes et enfants. Puis il ordonna ses corps d'infanterie et de cavalerie dans la plaine, autour de la citadelle, et les tint prêts à entrer à tout moment en action.

Lorsque ces préparatifs furent achevés, Turnus, vêtu de son armure d'airain rehaussé d'or, rassembla ses hommes d'élite et allait s'engager dans la plaine quand Camille apparut à la tête de ses escadrons. La reine des Volsques sauta de cheval et se tint devant le chef rutule.

« Turnus, dit-elle, ces intrépides soldats sollicitent l'honneur de chevaucher en tête avec moi et d'engager le combat avec l'ennemi. Cela te permettra de demeurer auprès des remparts avec les fantassins, et de conduire la défense de la cité. »

Impressionné par la vaillance et la science militaire de la feune fille, Turnus lui répliqua :

« Courageuse Camille, nous allons nous partager une grande tâche. Mon plan est de tendre une embuscade aux hommes d'Énée là-haut dans les collines. Étrangers au pays, ils n'en connaissent pas les détours. Quant à moi, je sais où les prendre au piège. Pendant que je les talonnerai, tu chargeras les escadrons ennemis avec les divisions de ton invincible armée. Puissent les dieux être avec toi ! »

Turnus partit avec ses hommes vers la montagne, confiant le commandement de la cavalerie à Camille. L'armée tout entière trépignait d'impatience. Lorsque l'ennemi parut à l'horizon, Camille déploya ses troupes sur un vaste front et les lança au galop. Toute la plaine tremblait sous les sabots des coursiers bondissants, tandis que l'air résonnait des clameurs de la bataille.

ossements et les ensevelirent sous une lourde couche de terre encore tiède du feu des bûchers.

Cependant, la douleur était vive dans la ville du roi Latinus. Les gens pleuraient la perte des êtres chers, tandis qu'au palais le roi s'entretenait avec ses conseillers de la conduite à tenir désormais. Turnus, lui qui les avait poussés dans cette guerre, demeurait introuvable, et chacun proposait une autre solution pour mettre un terme aux hostilités. Les uns étaient décidés à poursuivre le combat pour rejeter les Troyens à la mer ; les autres suggéraient de bannir Turnus et d'accueillir Énée. D'autres encore étaient d'avis qu'Énée et Turnus (quand ce dernier réapparaîtrait) devraient s'affronter en combat singulier. Enfin, certains étaient prêts à céder aux Troyens une partie du littoral pour leur permettre de s'y établir ou, mieux encore, à leur offrir une nouvelle flotte afin qu'ils aillent s'établir ailleurs. Le débat menaçait de s'éterni-

Lorsque l'une et l'autre armée sont en face, les javelines dressées jaillissent de toutes parts, obscurcissant le ciel. Nombreux sont ceux qui tombent sous le choc de cette première charge. Dans la confusion, les lignes sont bouleversées : aussitôt Camille donne l'ordre de faire demi-tour. Tenant leur bouclier sur le dos pour se protéger des traits de l'adversaire, les Latins se replient en direction de la cité, pressés par les Troyens. Mais voilà que leurs rangs serrés opèrent une prompte et soudaine volte-face. Lancés à toute allure à leur poursuite, les Troyens surpris viennent se jeter sur les lances ennemies.

Avançant et reculant tour à tour dans la plaine, les deux armées poursuivent le carnage sans que l'une ou l'autre parvienne à emporter l'avantage. Au plus épais de la mêlée lutte farouchement la terrible Camille. Elle porte l'arc de Diane, mais manie aussi bien sa forte hache et lance de rapides javelines. Plus d'un homme tombe sous ses coups tandis qu'elle galope sur le champ de bataille. Quiconque la défie trouve le même sort, tant son jet est précis, et mortelles les flèches qui s'envolent de son arc.

Cependant, un destin funeste guette la superbe cavalière. Un Étrusque, nommé Arruns, tourne obstinément autour d'elle, épiant l'occasion de la frapper par surprise. Partout où la guerrière s'élance, il la suit furtivement. Camille n'a pas remarqué le manège de ce guerrier inconnu. Elle s'acharne à poursuivre Chlorée, un archer renommé pour son adresse et dont elle convoite l'armure somptueuse. Enflammée d'ardeur, oubliant tout le reste, elle court sans précaution à travers la mêlée.

Arruns a saisi le moment favorable et, de loin, lance sa javeline tout en adressant à Phébus cette prière :

« Ô Apollon, ce n'est pas la gloire ni le butin que je recherche pour moi-même. Permets-moi seulement de délivrer notre armée de cette terrible femme. »

La javeline d'Arruns traverse l'air en sifflant. Les soldats volsques lèvent la tête et s'écartent du danger. Mais leur reine imprudente, dressée de toute sa hauteur sur son cheval, s'efforce d'apercevoir Chlorée par-dessus la mêlée et offre une cible parfaite à l'arme qui descend du ciel. La pointe de la javeline d'Arruns la frappe juste au-dessous du sein. Aussitôt, les compagnes qui forment sa garde d'honneur accourent et la recueillent dans leurs bras quand, défaillante, elle glisse de sa monture. Avec une satis-

faction où se mêle l'épouvante, Arruns court se cacher parmi la foule des combattants.

Camille tente vainement d'arracher la javeline de sa blessure, mais la pointe de fer reste enfoncée entre ses côtes. L'héroïque jeune fille perd tout son sang, ses joues, tout à l'heure enflammées par l'ardeur de la poursuite, se décolorent peu à peu. Camille sait qu'elle va mourir mais ses dernières pensées sont encore pour les Latins. Attirant près d'elle sa plus fidèle compagne, elle lui confie un suprême message pour Turnus : qu'il vienne la remplacer sur le champ de bataille. Cet ultime effort accompli, Camille expire.

Du haut des monts, Diane qui contemple la lutte voit sa servante bien-aimée mourir au milieu des combats. Elle en frémit du fond de son cœur et s'écrie :

« Ô jeune fille, la mort t'a cruellement punie pour t'être attaquée aux Troyens que protègent les destins. Mais tes prouesses glorieuses resteront dans la mémoire des peuples et ton trépas sera vengé. Car quiconque a violé ton corps d'une blessure le paiera d'une mort méritée ! » Et la déesse envoie sa nymphe Opis à la recherche du meurtrier.

Dès qu'Opis a trouvé Arruns, elle tire une flèche de son carquois doré et lui décoche son dard infaillible. Arruns entend le trait siffler, l'air frémir devant lui, mais ne peut éviter le fer vengeur qui s'enfonce dans sa poitrine. En gémissant, il tombe à terre et meurt, seul et ignoré de tous ses compagnons.

Avec la mort de Camille, le découragement gagne les rangs des Latins. Ils battent en retraite dans le plus complet désordre, et les Troyens se ruent à leurs trousses. Les habitants de la cité n'osent ouvrir les portes et l'armée en déroute se retrouve acculée au pied de ses propres remparts, incapable d'échapper aux flots des Troyens qui déferlent et déciment l'élite de la cavalerie latine.

Pendant ce temps, Turnus attend, embusqué dans la forêt, le passage de l'infanterie d'Énée.

Le message de Camille lui parvient. Furieux, il abandonne son embuscade et ne songe plus qu'à voler au secours de la cité. Déjà ses troupes s'acheminent vers la plaine quand Énée franchit avec les siennes le défilé à présent ouvert.

Mais la nuit tombe et les deux armées vont établir leur camp sous les murs de la ville. Demain, la lutte sera décisive.

La mort de Turnus

APRÈS AVOIR INSTALLÉ son armée pour la nuit, Turnus s'est rendu au palais de Latinus. Il y trouve les Latins découragés par leurs revers. Ils ont assisté du haut des remparts au massacre de leur vaillante cavalerie; certains ont vu leurs parents tomber sous leurs propres yeux. Toute envie de combattre les a quittés et tous regardent Turnus avec horreur.

La reine Amata et sa fille Lavinie entourent le vieux roi Latinus. Ce dernier parle sans haine à Turnus. Il le supplie de renoncer à la main de sa fille, afin de mettre un terme à leurs malheurs.

Ces paroles pleines de sagesse ne font qu'exalter la fureur de Turnus. Il envoie au chef troyen un message de défi : demain à l'aube, qu'il vienne affronter Turnus en combat singulier. Le vainqueur obtiendra Lavinie pour épouse.

À peine le soleil a-t-il effleuré de ses rayons la cime des montagnes lointaines que les guerriers des deux camps préparent le champ destiné à ce combat. Dans l'intervalle qui sépare les Rutules des Troyens, les prêtres ont disposé les autels de gazon pour leurs dieux communs, et allumé des feux où seront offerts des sacrifices.

Alors s'avance le char de Latinus ceint d'une couronne aux douze rayons, puis vient Turnus sur son char attelé de deux chevaux blancs et tenant dans sa main deux javelines. Énée, accompagné d'Ascagne, se détache de ses troupes pour se porter à leur rencontre.

Ensemble, les princes immolent les animaux sur les autels et invoquent les dieux. Puis Énée et Latinus formulent un pacte qu'ils scellent de leurs serments.

« Si Turnus est vainqueur, jure Énée, les Troyens quitteront ces campagnes et ne troubleront plus ce royaume par les armes. Si je triomphe, nos deux nations connaîtront les mêmes lois, et Latinus détiendra le pouvoir suprême. J'épouserai sa fille et elle donnera son nom à la ville que les Troyens bâtiront. Ô dieux, soyez témoins de mon serment. »

De même, Latinus jure solennellement devant les autels. Mais, parmi les Rutules témoins de la cérémonie, certains murmurent contre ce combat qu'ils jugent inégal. La déesse Juturne va exciter leurs craintes.

Sœur de Turnus, elle est envoyée par Junon avec la mission de tout tenter pour sauver son frère. Déguisée en guerrier, elle se mêle aux Latins et attise leur mécontentement par des insinuations calomnieuses : Énée, dit-elle, s'il est vainqueur, trahira son serment et s'emparera de leurs terres. Ses propos enflamment si bien les jeunes guerriers que l'un d'eux, dans un geste de folie, lance son javelot dans les rangs des Troyens.

La trêve est rompue. Les uns et les autres saisissent leurs armes et se ruent en avant. Tandis qu'Énée rappelle les siens à grands cris, une flèche tirée par un Rutule vient frapper le héros. Ascagne et le fidèle Achate le ramènent tout ensanglanté dans leur camp.

Aussitôt Turnus bondit sur son char et s'élance au plus fort de la bataille. Ceux qui échappent aux sabots puissants de ses chevaux, il les transperce de ses javelines ou s'ouvre un passage parmi eux du tranchant de son épée.

Pendant ce temps, Iapyx, le médecin troyen, s'efforce vainement de retirer le fer de la blessure d'Énée. Vénus, émue des souffrances de son fils, se porte à son secours. Invisible, elle apporte au camp le dictame, cette herbe miraculeuse qui arrête le sang et fait tomber la flèche de sa blessure. Ses forces revenues, Énée rejoint aussitôt le champ de bataille suivi de son armée qui s'est ralliée derrière lui. À sa vue, l'ennemi frissonne de terreur.

Énée n'a qu'un désir : combattre Turnus et faire cesser cette vaine bataille. Mais Juturne, n'écoutant que son amour fraternel, tente d'arracher Turnus aux décrets du destin. Elle fait tomber du char de Turnus l'homme qui le conduisait et prend sa place en même temps que son visage. Alors, elle lance les chevaux à travers la plaine, virevolte, repart, entraînant son frère loin du Troyen redouté. Chaque fois qu'Énée se rapproche et somme Turnus de combattre, Juturne détourne le char dans la direction opposée.

Énée s'arrête, furieux. Non seulement les Latins ont violé le pacte, mais leur champion sacrilège s'esquive et refuse le combat !

Changeant de tactique, Énée ordonne à ses troupes de marcher sur la ville de Latinus. Immédiatement, des échelles sont dressées. Armés de torches et de béliers, les Troyens attaquent, décidés à détruire la capitale laurentine. Bientôt, les portes sont forcées, les habitants affolés courent de maison en maison, ne

sachant plus où se cacher pour échapper au massacre et à l'incendie.

Loin dans la plaine, Turnus entend la clameur qui monte de la ville. Il voit des tourbillons de flammes s'élever des toits. Réalisant le désastre, il comprend que sur lui seul repose le salut des Laurentins. Il doit combattre Énée et accepte courageusement son destin. Juturne essaie encore de l'en empêcher mais, cette fois, il lui arrache les rênes des mains et dirige le char vers la ville. Là, il bondit à terre et se rue à travers les ennemis massés aux portes, distribuant les coups, dispersant les hommes.

« Me voici, moi, Turnus ! crie-t-il. Latins, arrêtez le combat, c'est à moi seul qu'il appartient de combattre Énée. »

Tous s'écartent pour faire place aux deux puissants guerriers. Après avoir lancé leurs javelines, ils se ruent l'un sur l'autre, l'épée à la main. Leurs boucliers s'entrechoquent. Turnus s'élance, l'épée haute; les deux armées retiennent leur souffle. Il frappe mais, sous la violence du choc, c'est l'épée qui se brise et tombe sur le sol. Turnus, éperdu, fuit en tous sens et réclame une épée. Le Troyen le serre de près et, levant son glaive, menace les Rutules :

« Quiconque s'approchera de Turnus périra sur-le-champ ! »

Les soldats reculent en tremblant tandis qu'Énée va récupérer son javelot pour atteindre celui qu'il ne parvient pas à rattraper à la course.

Du haut d'un nuage, le roi de l'Olympe et son épouse regardent la lutte, parvenue à son point culminant. Junon se résigne : il est vain de s'opposer plus longtemps au destin. Elle promet de ne plus causer de troubles et supplie son époux de lui accorder une faveur en échange :

« Grand Jupiter, lorsque la paix sera rétablie et que les deux nations s'uniront par le mariage, permets que les Latins gardent leur nom, leur langue et leurs coutumes. Troie est tombée, que son nom soit enseveli avec elle. »

Jupiter y consent. Bien plus, il promet à Junon, ravie, que cette race nouvelle l'honorera plus que toute autre nation.

Sur le champ clos, Énée presse Turnus désarmé. Celui-ci jette des regards désespérés autour de lui et voit un grand rocher, borne d'un champ, qui gisait dans la plaine. Avec une force surhumaine, le héros rutule le soulève et court sur son ennemi. Mais ses genoux fléchissent, son sang glacé se fige. Il sent que les dieux et ses forces

l'abandonnent. L'énorme pierre a roulé dans le vide sans porter le coup. Turnus se voit perdu. Énée brandit au loin sa lance fatale et la projette de toutes ses forces. La javeline en sifflant vient trouer le bouclier de Turnus et pénètre dans sa cuisse. Turnus tombe, les Rutules poussent un gémissement que répercute au loin l'écho de la montagne. À présent, Énée, l'épée levée, se dresse devant l'ennemi terrassé qui l'implore humblement :

« Je ne te demande pas d'épargner ma vie, j'ai mérité ce destin. Mais du moins confie ma dépouille à mon malheureux père. »

Ému, Énée retient son bras, hésite, quand, à l'épaule du vainqueur, il reconnaît le fameux baudrier que Turnus a pris au cadavre du jeune Pallas et qu'il porte en trophée.

À la vue de ce cruel souvenir, son cœur durcit. « C'est Pallas ! crie-t-il d'une voix terrible, oui, c'est Pallas qui t'immole et tire vengeance de ton sang scélérat ! »

Et, disant cela, il a levé sa puissante épée et la plonge dans la poitrine de celui qui s'est opposé si farouchement à lui. Le corps de Turnus s'affaisse et se glace, son âme quitte le monde des vivants et s'envole, gémissante, vers le royaume éternel des ombres.

Sur cet épisode s'achève le long poème de *l'Énéide* mais non les aventures d'Énée : les événements qui suivirent, la façon dont le Troyen s'établit en Italie, tout cela nous est relaté par l'historien Tite-Live dans son *Histoire de Rome*.

La mort dramatique de Turnus ayant mis fin aux hostilités, Énée et les Latins confirmèrent leur serment, et le héros put épouser la belle Lavinie, unissant du même coup Troyens et Latins qui ne formèrent plus qu'un seul peuple. Conformément aux prières de Junon, seul le nom des Latins demeura.

Après tant d'années d'aventures et d'épreuves, Énée put enfin s'installer de façon définitive et fonder sa nouvelle patrie. Ses hommes bâtirent une imposante cité qu'il appela Lavinium, d'après le nom de sa femme. Il vécut le reste de ses jours dans la sérénité du devoir accompli, et eut le bonheur de voir Ascagne parvenir à l'âge adulte et prendre en mains le gouvernement du royaume.

À la mort du héros, sa mère Vénus sollicita de Jupiter la suprême faveur d'accorder à son fils l'immortalité. Le père des dieux y consentit, Junon elle-même ne s'y opposa point. La mère d'Énée se rendit à Lavinium et ordonna au fleuve de purifier le corps du héros. Puis, recourant à ses pouvoirs divins, elle fit de lui un dieu. Le peuple bâtit un temple en l'honneur d'Énée divinisé qui reçut le nom de « Jupiter Indigète », dieu du pays natal.

Après la mort de son père, Ascagne, qui portait aussi le nom d'Iule, quitta Lavinium pour fonder sa propre cité, la cité au nom clair de la prédiction. Ce fut Albe (« blanche » en latin), encore nommée la Longue parce qu'elle s'étendait tout au long d'une crête montagneuse, les monts Albains.

Ascagne et la descendance d'Énée y régnèrent, puissants et prospères, pendant quatre cents ans.

Romulus et Remus

DE NOMBREUSES ANNÉES PLUS TARD, Le trône d'Albe la Longue échut au roi Procas Silvius, qui avait deux fils, Numitor et Amulius. Numitor, l'aîné, était un homme bon et épris de paix, alors que son frère Amulius était cruel et brutal. Procas vieillissant se demandait avec inquiétude qui lui succéderait après la mort.

« Ce royaume, d'après la coutume et la loi, revient de droit à mon fils Numitor, songeait-il. Sa sagesse et sa bonté en feront un grand roi. Mais Amulius convoite ma couronne et il n'hésitera pas à passer outre à mes volontés. Dur et opiniâtre, aucun scrupule ne l'arrête quand il désire quelque chose. Si je lui laissais en héritage la plupart de mes richesses, peut-être cela calmerait-il ses ambitions ? »

Ainsi Procas arrangea-t-il les choses. Les années passèrent, le vieux roi mourut, et ses craintes se réalisèrent. Amulius, avide de pouvoir, usurpa le trône de frère et garda pour lui toutes les richesses du royaume.

L'infortuné Numitor fut chassé du palais. Son frère ne lui avait laissé que quelques terres hors de la ville. Il s'y établit et mena la vie d'un paysan. S'il avait perdu tout son héritage, du moins lui restait-il la santé et la force, ainsi qu'une femme et trois enfants.

L'ambition d'Amulius était donc satisfaite, il était roi d'Albe la Longue. Pourtant, son esprit ne connaissait aucun repos. Une crainte perpétuelle l'assaillait. Certes, il savait que Numitor ne tenterait pas de reprendre son trône, mais en serait-il de même avec ses enfants ? Devenus adultes, ils pouvaient être de dangereux rivaux.

Une violence en entraîne toujours une autre. Après avoir mûrement réfléchi, Amulius ne vit qu'une solution. Il fit venir ses trois plus fidèles serviteurs, et voici ce qu'il leur ordonna :

« Retrouvez les fils de mon frère, et tuez-les. Mais agissez dans le plus grand secret. Emparez-vous aussi de sa fille Rhea, et amenez-la ici au palais. »

Ses ordres furent exécutés, au grand désespoir de Numitor.

« Mes fils sont morts ! gémissait-il. Épargne au moins ma fille ! Elle ne saurait te nuire ! »

Tout impie qu'il fût, Amulius craignait que la mort de Rhea Silvia ne lui portât malheur. Aussi conçut-il un plan fort ingénieux qui sauvait à la fois la fille de Numitor et sa propre renommée. Il contraignit la jeune fille à se consacrer à Vesta, gardienne du feu sacré. Être vestale était un grand honneur qui s'accompagnait de privilèges importants. Toutefois, il était interdit aux prêtresses de Vesta de jamais avoir d'enfants : Amulius pouvait donc dormir en paix.

Parmi les divinités qui veillaient sur les affaires des hommes, le dieu Mars prenait un intérêt particulier aux destinés d'Albe la Longue. La cruauté cupide du jeune roi irrita si bien sa colère qu'il décida d'intervenir.

Au préalable, il fit connaître à Rhea Silvia ses projets par l'intermédiaire d'un songe. Un songe impressionnant, où Rhea se voyait elle-même portant une couronne de feuilles. De cette couronne deux arbres jaillissaient et, croissant rapidement, s'élevaient bientôt jusqu'au ciel. Lorsque Rhea s'éveilla, sa vision la poursuivit tout le jour et resta gravée dans son esprit. La nuit suivante, elle fit le même rêve, plus réel encore que le précédent. Sept nuits encore, ce songe vint la hanter et elle comprit à la fin qu'il recelait quelque sens caché.

« Sans doute est-ce un signe que m'adresse un dieu, se dit-elle, pour m'annoncer un événement mystérieux et extraordinaire. »

Elle ne se trompait pas. Quelque temps plus tard en effet, Rhea donnait naissance à deux jumeaux, les deux arbres de sa vision ! Comme il lui était impossible de cacher les deux enfants à ses compagnes, Rhea savait qu'elle n'échapperait pas au châtiment qui sanctionnait pareille désobéissance. Elle avait apparemment enfreint la loi sacrée, elle devrait mourir. Si elle acceptait volontiers son destin, en revanche, elle désirait ardemment qu'on épargnât ses deux beaux enfants.

Elle vint donc trouver la grande prêtresse et lui confia ce qu'elle croyait sincèrement être vrai, à savoir que le dieu Mars était le père de ses enfants. La nouvelle souleva un grand scandale. Rhea fut aussitôt traînée devant Amulius. Abasourdi et furieux, le roi laissa éclater sa haine.

« Mars, le père ! Est-ce ainsi que les dieux récompensent ma clémence ? Cette infamie déshonore ma famille ! Qu'on jette cette femme dans le Tibre, et que l'on noie avec elle ses deux misérables rejetons ! »

Les serviteurs s'empressèrent d'obéir aux ordres cruels du roi. Rhea Silvia fut précipitée dans le fleuve, dont les courants l'entraînèrent au loin. Toutefois, à en croire la légende, elle ne fut pas noyée : le dieu Tibre la sauva et en fit son épouse immortelle. Quant aux jumeaux, à peine arrachés aux bras de leur mère, on les mit dans une corbeille que l'on abandonna aux tourbillons bourbeux du fleuve.

C'était l'époque de l'année où le Tibre en crue quitte son lit pour envahir de ses flots le pays riverain. Les jumeaux voguaient à la dérive dans leur corbeille ballottée par les courants impétueux. Combien de fois la frêle embarcation ne manqua-t-elle pas d'être engloutie dans les flots ! Cependant, elle atteignit des eaux plus calmes et flotta vers la rive où les racines dénudées d'un robuste figuier arrêtèrent enfin son vagabondage, et la retinrent captive jusqu'à la décrue du fleuve.

Rhea ne s'était pas trompée en attribuant la paternité de ses fils au dieu Mars, car ce dernier ne cessait de veiller sur les orphelins. Il les avait sauvés de la noyade, et cherchait maintenant quelqu'un pour les élever. Or, il advint qu'une grande louve (le loup était un animal consacré à Mars), qui vivait dans une grotte voisine avec ses louveteaux, vint boire à la rivière. Elle entendit les vagissements des jumeaux affamés et découvrit peu après la corbeille où ils étaient enfermés.

Elle souleva le couvercle avec ses crocs puis, au lieu de les dévorer comme on aurait pu s'y attendre, elle les porta délicatement dans sa gueule jusqu'à sa tanière au flanc de la colline. Elle les lava à coups de langue, et les allaita à ses mamelles. Réchauffés et repus, les jumeaux s'endormirent, blottis avec le restant de la portée dans la chaude fourrure.

Les premiers mois, ils ne connurent jamais la faim mais, à mesure qu'ils grandissaient, le lait de leur mère nourricière ne suffisait plus; il leur fallait une nourriture plus solide, et les lambeaux de chair crue ou les os que les louveteaux se disputaient ne convenaient pas à leurs dents de lait. Pour sauver ses fils, Mars ordonna aux oiseaux de les ravitailler et, chaque jour, les oiseaux des champs volaient à la grotte, apportant du pain ou des fruits sauvages aux enfants. Ceux-ci devenaient de robustes bambins, mais Mars vit bien que des animaux sauvages ne pourraient mener à bien la tâche de les élever : il leur fallait un toit, des aliments solides, et sur-

tout l'amour et les soins d'autres êtres humains. Non loin de la grotte de la louve vivait, avec sa femme Laurentia, un berger du nom de Faustulus. Ces pauvres gens, aux mœurs simples et honnêtes, gardaient les moutons et les chèvres de leur maître et cultivaient quelques légumes pour la table. Comme ils n'avaient pas d'enfants, Mars vit tout de suite qu'ils feraient d'excellents parents adoptifs pour ses jumeaux. Lorsque la crue s'était retirée, Faustulus avait découvert la corbeille vide sous le figuier. Elle semblait neuve, en dépit des tribulations qu'elle avait subies, et le berger se demandait comment elle avait pu arriver là, et ce qu'elle avait contenu. Par la suite, les allées et venues des oiseaux aux abords de la grotte, le bec chargé de nourriture, l'intriguèrent : il savait qu'une louve y avait sa tanière. Il passa plusieurs jours à observer leur manège, tandis que les louveteaux jouaient dans les rochers.

Sa curiosité l'emportant sur la crainte, il attendit que la louve eût quitté le gîte et disparu avec ses petits dans le bois pour grimper jusqu'à la caverne. S'étant assuré que la louve ne revenait pas, il entra.

La grotte était froide, sinistre. L'ombre avait l'épaisseur d'une muraille. L'oreille aux aguets, le berger perçut de faibles gémissements et, tâtonnant dans l'obscurité, il découvrit les enfants. Quand ses yeux se furent habitués à la pénombre, il vit qu'ils reposaient sur une litière d'herbe sèche.

Sans trop savoir ce qu'il faisait, il ramassa les jumeaux et, les portant chacun sous un bras, courut à toutes jambes à travers les champs. Il ne s'arrêta qu'aux abords de sa hutte. Sa femme, debout sur le seuil, le regardait avec étonnement. Elle crut d'abord qu'il rapportait deux jeunes chevreaux mais, à mesure qu'il approchait, elle distingua clairement deux petites formes humaines. Faustulus déposa son fardeau dans les bras de Laurentia et, hors d'haleine, raconta toute son aventure.

« Ce ne sont pas des enfants ordinaires, dit sa femme quand il eut achevé. Ce sont les dieux qui les confient à nos soins et à notre amour, nous avons le devoir de les élever. »

Ensemble ils choisirent des noms pour les garçons et les nommèrent Romulus et Remus. Et c'est ainsi que cette famille, curieusement réunie par le destin, commença une nouvelle vie. Les jumeaux, vaillants et vigoureux, aidèrent bientôt à garder les troupeaux ; chasseurs infa-

tigables, ils couraient les bois des alentours. Pourtant, cette vie champêtre ne les satisfit pas longtemps. Assoiffés d'aventures, ils contentèrent leurs juvéniles ardeurs en attaquant les voleurs et les bandits qui hantaient les parages, et leur reprenaient le butin que les autres venaient tout juste de dérober. Ils le partageaient ensuite avec leurs camarades, gaillards tout aussi intrépides qui ne tardèrent pas à s'enrôler sous la bannière des jumeaux.

Les brigands du pays, frustrés de leur gagne-pain ordinaire, décidèrent de mettre le holà à l'activité des deux frères et de leur donner une bonne leçon. Ils attendirent le jour où s'ouvraient les fêtes de Pan pour tendre soigneusement leur piège. Au cours des festivités, alors que les libations et les danses battaient leur plein, les bandits attaquèrent ; dans la bagarre qui s'ensuivit, Remus fut fait prisonnier puis comparut, solidement ligoté, devant le roi Amulius.

« Cet individu et son frère, accompagnés d'une bande de jeunes gredins, pillent les terres qui appartiennent à Numitor, et volent son bétail », déclarèrent les bandits.

Amulius répliqua vertement :

« Puisque ces chenapans dévastent le domaine de mon frère, c'est donc lui qui doit les punir ! Amenez celui-ci devant Numitor, et ne m'importunez plus ! »

Et le pauvre Remus fut traîné sans égards chez Numitor, devant lequel les brigands renouvelèrent leurs accusations, ajoutant qu'ils n'avaient pu s'emparer que d'un seul de ces frères ; ceux-ci se ressemblaient d'ailleurs tellement qu'on avait peine à les distinguer. Numitor ne prêtait qu'une oreille distraite à leur discours, il paraissait s'intéresser davantage au visage du prisonnier qu'à l'histoire de ses crimes. Quelque chose dans les traits du jeune homme lui rappelait Rhea, sa chère disparue, et maints douloureux souvenirs lui revenaient à la mémoire. Après tant de malheurs, il osait à peine donner libre cours à l'espoir soudain que la vue de Remus faisait naître en lui.

« Il ne me reste plus rien, songeait-il, j'ai perdu mon trône, ma fortune, mes fils, ma fille et mes petits-enfants. Pourquoi les dieux se montreraient-ils à présent plus favorables ? »

Puis, revenant à son affaire :

« Ces hommes disent que tu as un jumeau. Est-ce vrai ? demanda-t-il.

— C'est vrai », répondit Remus.

Numitor se replongea alors dans ses pensées.
« C'est l'âge qu'ils auraient, calculait-il en lui-même. Serait-ce vraiment les enfants de Rhea, mes propres petits-fils ? »
Cette éventualité le remplissait d'effroi : si cela était vrai, alors les grands dieux eux-mêmes étaient mêlés à son histoire.
« Je désire rester seul avec cet homme, ordonna Numitor. Qu'on nous laisse. »
Au moment où les autres se précipitaient au-dehors, on entendit un tumulte de cris dans la cour, et deux hommes, bousculant les gardes, entrèrent dans la pièce. Numitor vit un vieux paysan et un robuste jeune homme, tout le portrait de son prisonnier : Faustulus et Romulus se portaient au secours de Remus. Et tous trois se tenaient devant Numitor abasourdi. Alors Romulus se pencha pour souffler quelque chose à l'oreille de Faustulus, et le poussa en avant pour qu'il prenne la parole.

Lorsque Remus fut enlevé par les voleurs, Faustulus, qui avait gardé son secret si longtemps, pensa que l'heure était venue de révéler ce qu'il savait et avait confié à Romulus comment il les avait trouvés, lui et son frère. Encouragé par la présence de ses fils adoptifs, il répéta son histoire à Numitor, la découverte de la corbeille au bord de l'eau, la grotte, et la grande louve qui prenait soin des jumeaux. Il dit ensuite comment lui et sa femme les avaient aimés et protégés, comment ils étaient devenus de nobles et courageux garçons. Alors Numitor ne put contenir sa joie plus longtemps.
« Je suis votre grand-père — et c'est à peine s'il arrivait lui-même à croire ces mots —, je vous croyais morts, comme votre mère, mais vous voilà vivants, et ce miracle comble de joie ma vieillesse. Que les dieux en soient remerciés. »
Apprenant de quels crimes leur grand-oncle Amulius s'était rendu coupable, Romulus et Remus, pris d'une juste colère, décidèrent sur-le-champ de lui faire payer ses forfaits.
Ils ne se cachaient pas qu'affronter les troupes du roi en bataille rangée avec leur seule petite bande était une entreprise vaine. Leur unique chance de succès était d'attaquer la personne du roi par surprise. Ils répartirent donc leurs hommes en petits groupes, chaque groupe devant approcher du palais par une route différente. Puis, à une heure convenue à l'avance, tous foncèrent comme l'ouragan dans le palais et entourèrent le roi. Les jumeaux tirèrent leurs épées et marchèrent sur Amulius qui se recroquevillait comme une bête cernée. Remus prit la parole.
« Nous sommes les fils de votre nièce Rhea Silvia, déclara-t-il, et nous venons venger sa mort. »
L'impétueux Romulus s'impatientait. Sans s'embarrasser de belles phrases, il bondit et, le premier, transperça le roi de son épée. Remus frappa à son tour, et Amulius tomba à leurs pieds.
Au-dehors, Numitor avait rassemblé le peuple et l'armée. Dès qu'il vit ses petits-fils ressortir du palais, leurs épées hautes et teintées de sang en signe de victoire, il parla. Il conta les terribles crimes d'Amulius, la naissance de Romulus et Remus, la façon dont les dieux avaient protégé leurs jeunes vies, et révéla enfin le châtiment mérité du roi. Dominant la rumeur de la foule, résonnèrent les voix claires des jumeaux, proclamant hardiment Numitor roi légitime

affaires se gâtèrent. Étant jumeaux, aucun n'était l'aîné. Tous deux voulaient également être le roi et donner son nom à la ville.

Enfin, après une âpre dispute, ils résolurent de s'en remettre aux dieux. Comme on croyait en ce temps-là que les dieux manifestaient leurs volontés par un signe, tous deux interrogèrent les divinités du temple d'Albe, puis allèrent se camper, Romulus sur le mont Palatin, et Remus sur le mont Aventin. Là, ils attendirent.

Remus aperçut le premier quelque chose qui pouvait passer pour un signe : six vautours traversèrent le ciel d'un même vol. Or, d'une part, les vautours étaient tenus pour des oiseaux sacrés, et d'autre part, ces oiseaux volent généralement en solitaire. Aussi les voir passer ensemble était-il un spectacle insolite que l'on interpréta comme la réponse divine : Remus devait être roi.

L'affaire semblait réglée quand Romulus revint du Palatin pour annoncer qu'il n'avait pas vu moins de douze vautours volant ensemble au-dessus de sa tête.

Aussitôt le peuple se divisa en deux camps, l'un soutenant la cause de Remus qui, le premier, avait reçu le signe, l'autre proclamant roi Romulus puisqu'il avait vu un plus grand nombre de vautours que son frère. Poussés par le double aiguillon de la jalousie et de l'ambition, les jumeaux se brouillèrent à mort. Romulus, certain de régner, traça à la charrue le fossé sacré des futures fondations, et interdit à quiconque de le franchir.

Bravant les ordres fraternels, Remus fut assez fou pour sauter par-dessus le sillon sacré, geste de défi qui allait lui coûter la vie.

En effet, incapable de supporter une telle dérision, Romulus, fou de rage, tua son frère. Puis, se tenant triomphalement au-dessus du cadavre de Remus, il lança à tous ceux qui pouvaient être tentés de le défier cet avertissement solennel :

« Le même sort attend quiconque ose franchir mon enceinte ! »

Tous les gens qui avaient quitté Albe pour suivre les jumeaux proclamèrent Romulus roi, et la nouvelle cité, construite sur le mont Palatin, s'appela Rome, du nom de son très illustre fondateur.

d'Albe. Aussitôt, le peuple reprit leurs vivats :

« Numitor est notre roi ! »

« Longue vie à Numitor ! »

Numitor fut chaleureusement accueilli au palais par ses sujets et entama son heureux et paisible règne. Romulus et Remus le servirent plusieurs années, mais eux-mêmes aspiraient à un plus grand pouvoir. L'occasion s'en présenta quand Albe se trouvant surpeuplée, on sentit la nécessité de bâtir une autre cité. Il fut décidé que les jumeaux fonderaient cette nouvelle ville, et quel meilleur emplacement pouvaient-ils choisir, sinon celui où ils avaient failli mourir enfants, et vécu ensuite leur jeunesse ?

Sur ce point, les jumeaux étaient tombés facilement d'accord ; mais quand il fallut décider lequel des deux gouvernerait la future cité, les

L'enlèvement des Sabines

LA NOUVELLE VILLE commençait à grandir. Romulus, dans son ambition, avait assigné à Rome de très vastes limites, trop vastes pour le petit nombre de ses habitants. Il fallait donc attirer davantage de gens pour peupler la cité. Romulus décida de recourir à une ancienne coutume et décréta sa ville terre d'asile. Aussitôt, toutes sortes d'individus affluèrent des environs, cherchant un lieu pour vivre : esclaves échappés de chez leurs maîtres, criminels, vagabonds, miséreux, toutes gens qui se faisaient chasser de partout.

Romulus, quant à lui, fut ravi de les accueillir. Il avait désigné une centaine d'hommes pour être les « Pères de la Cité » ou sénateurs, et il convoqua en même temps ces nouveaux venus.

« Rome est forte, à présent, leur dit-il. Aucune ville n'osera se mesurer à nous, mais nous devons penser à l'avenir. Vous savez tous que nous manquons de femmes. Nombre d'entre vous sont sans épouse. Comment faire venir des femmes pour fonder de nouveaux foyers ? »

Après un long débat, on décida d'envoyer aux cités voisines des représentants chargés de conclure des alliances et des unions entre familles des différentes villes. Ces ambassadeurs rapportèrent tous la même réponse : on ne voulait rien avoir à faire avec les Romains. Donner ses filles à un ramassis d'esclaves, de criminels et de vagabonds paraissait scandaleux.

Les gens de Rome frémirent sous l'insulte et voulurent sur-le-champ en venir aux armes. Romulus dut contenir leur indignation. De plus, une idée — excellente, celle-là — lui était venue entre-temps.

En cette période de l'année, on préparait les *Consualia,* ces grandes fêtes estivales de l'engrangement dédiées au dieu Consus. Romulus décida de donner tout son éclat à l'événement et invita jusqu'aux gens des campagnes lointaines à se joindre à cette célébration. Au jour dit, des foules accoururent à Rome, désireuses de se divertir, mais non moins curieuses de voir la nouvelle cité et d'examiner ses fortifications. Il y avait là des habitants de Caenina, de Crustumerium, d'Antemnae, bourgades proches de Rome, mais les plus nombreux étaient encore les Sabins, ses très puissants voisins. Hommes, femmes, enfants, grouillaient sur les esplanades, s'attroupaient devant les monuments publics. Une fois les cérémonies d'ouverture accomplies, ils se dirigèrent vers le cirque préparé pour les courses de chars. Bien que Consus fût un dieu des moissons, on l'associait également aux chevaux. C'est pourquoi mules et chevaux défilaient, ornés de guirlandes et de couronnes fleuries. Une joyeuse impatience flottait dans l'air.

Alors les jeux commencèrent : c'était le moment qu'attendaient les Romains. Romulus se lève, fait le signal convenu, des poignées d'hommes se faufilent parmi les spectateurs et s'emparent de toutes les jeunes filles présentes. La foule est saisie de panique. Les filles crient de frayeur, se débattent, s'efforcent vainement de s'arracher à leurs rudes ravisseurs. Ceux-ci les emportent et courent les mettre en lieu sûr, à l'intérieur de la cité. Parents, frères, amis, assistent consternés et impuissants à ce rapt.

Les visiteurs se retirent, indignés d'une pareille traîtrise. C'est une chose de voir ses femmes enlevées en temps de guerre, c'en est une autre, bien plus terrible, de se les voir arrachées au beau milieu d'une fête religieuse. Les dieux sans aucun doute se chargeraient de punir Romulus et ses complices pour ce sacrilège.

Quant aux jeunes femmes, bouleversées par le présent, elles redoutaient plus encore l'avenir. Romulus les visita une par une, afin de les rassurer sur leur sort.

« Ce sont vos parents les coupables : pourquoi ont-ils repoussé nos ambassadeurs ? Mais vous, vous n'avez rien à craindre. Une fois mariées, vous partagerez les grands destins de notre ville et jouirez du privilège d'être ses citoyennes. De plus, tout ira mieux quand vous aurez des enfants. La colère cédera le pas à l'amour. »

Romulus fit aussi la leçon à ses hommes. Ils devaient se comporter en maris attentionnés et bâtir sans tarder de belles demeures pour leurs futures épouses. Les nouveaux Romains suivirent ses conseils et surent adoucir le ressentiment des femmes.

Si les Sabines acceptaient sans révolte de s'installer dans cette nouvelle patrie, en revanche leurs familles gardaient une farouche rancune à leurs ravisseurs. Puisque les dieux se refusaient à punir les Romains, ils firent appel à Tatius, le roi sabin, pour qu'il s'en chargeât à leur place. Tatius n'avait guère envie de guerroyer pour quelques filles et s'abstint pendant un temps de toute action. Les gens de Caenina, de Crustumerium, d'Antemnae, qui avaient aussi perdu leurs enfants, s'impatientaient de ses atermoiements et prirent leurs affaires en mains.

L'armée de Caenina attaqua Rome la première, mais fut vite battue par une troupe que menait Romulus en personne. Non content de sa victoire, il marcha ensuite sur la cité ennemie et s'en empara. Puis il tua le roi de sa propre main, le dépouilla de son armure et revint à Rome célébrer son triomphe. Il porta son trophée au mont Capitolin et, le suspendant au chêne sacré de Jupiter, l'offrit au dieu. Il décréta qu'un temple serait bâti sur ce site, le premier temple de la cité, dédié au Père des dieux.

La défaite de Caenina n'entama nullement l'ardeur des armées d'Antemnae et de Crustumerium. À leur tour elles attaquèrent la terre romaine, et à leur tour elles furent vaincues. Leurs villes tombèrent aux mains de l'ennemi. Alors Hersilie, femme de Romulus et Sabine elle-même, suggéra sagement à son époux de demander pardon au gens des trois cités conquises, et de les inviter à venir vivre à Rome auprès de leurs filles.

Romulus accueillit favorablement cette idée, de même que les habitants des villes concernées. Des familles entières vinrent s'établir à Rome, tandis que ceux de Rome partaient s'installer sur les riches terres arables des régions occupées. Le brassage resserra les liens entre les différentes cités, et Rome étendit ainsi son influence.

Cependant, le silence des Sabins ne présageait rien de bon : tel était l'avis des Romains, persuadés qu'une offensive se préparait chez leurs voisins. Ils ne se trompaient pas. Leurs récentes et faciles victoires avaient convaincu Tatius qu'il devait mettre un frein aux ambitions de Rome, avant que celle-ci ne devînt trop puissante. Il projetait donc de prendre la forteresse construite par Romulus à l'extérieur de la ville. De là, il lancerait une attaque de grande envergure. La forteresse était gardée par Spurius Tarpeius, père d'une fille nommée Tarpeia. Un jour que celle-ci était allée puiser de l'eau hors du fort, elle entendit une voix derrière les arbres l'appeler par son nom. Elle vit aussi des bijoux scintiller entre les branches et, comme elle prisait par-dessus tout les parures, l'or et l'argent, elle s'avança pour mieux voir. Elle aperçut alors le roi sabin entouré de soldats qui portaient, selon leur coutume, des bracelets d'or au bras gauche. Fascinée par la splendeur de ces ornements, elle s'avança encore, sans montrer de crainte.

« Belle Tarpeia, lui dit alors le roi, j'irai droit au but. Si tu acceptes d'ouvrir ce soir les portes de la citadelle à mon armée, nous te donnerons ce que tu désires. »

Tarpeia réfléchit un instant sans quitter des yeux les bracelets d'or. Puis elle répondit :

« Je vous ouvrirai les portes à condition que vous me donniez ce que vous portez au bras gauche.

— Nous te l'offrirons avec plaisir, repartit le Sabin, dès que nous aurons pénétré dans la forteresse. »

Enchantée du marché, Tarpeia attendit avec impatience que la nuit fût tombée pour se glisser en rampant jusqu'à la petite porte derrière laquelle les Sabins étaient massés. Une fois à l'intérieur des remparts, Tatius souffle à Tarpeia :

« Au fait, ta récompense ! Que t'avions-nous promis, déjà ? »

Entourée de guerriers ennemis, la jeune fille se sent menacée et commence à regretter son geste.

« Vous m'aviez promis ces choses que vous portez au bras gauche, dit-elle en s'efforçant de maîtriser le tremblement de sa voix.

— Reçois donc ce que tu désires ! lance le roi tandis qu'il ôte son bouclier et ses bracelets d'or et les jette aux pieds de Tarpeia.

Celle-ci pousse un cri d'effroi. Les soldats imitent l'exemple de leur chef et, bientôt, la jeune fille terrifiée se retrouve emprisonnée sous un monceau de boucliers et de lourds bracelets.

« C'est assez payé ! » sanglote-t-elle.

Mais les boucliers continuent à s'entasser sur elle et l'écrasent et l'étouffent sous leur poids. Solennellement, les Sabins reprennent leurs brassards d'or et leurs boucliers massifs, ils soulèvent le cadavre de Tarpeia et le jettent du haut du rocher sur lequel était bâtie la forteresse.

« Voilà ce que méritent les traîtres, d'après nous ! » conclut brutalement le roi Tatius.

Une fois maîtres de la citadelle, les Sabins se préparèrent à attaquer la ville. Romulus avait rassemblé de nombreuses troupes et les conduisait au-devant des ennemis. Ceux-ci descendirent à leur rencontre. Le combat s'engagea. Des deux côtés on luttait bravement, mais les Sabins dominaient et forcèrent les Romains à se retirer en désordre vers leurs retranchements.

Sentant passer le vent de la défaite, Romulus regarde autour de lui, puis élève très haut son épée et crie au-dessus du tumulte des armes :

« Entends-moi, puissant Jupiter, Père des dieux et des hommes, ta ville est menacée. Les Sabins nous pressent de tous côtés. Chasse la peur du cœur des Romains et aide-nous à défendre cette place. Je t'y construirai un temple pour rappeler aux générations à venir que tu soutins Rome dans ses heures de détresse. »

Ensuite, il encourage ses hommes :

« Jupiter est avec nous. Continuez la lutte, vaillants Romains ! »

Comme par miracle, la confiance renaît au cœur des guerriers, les forces leur reviennent.

Or, les Sabins étaient commandés par Mettius Curtius, homme sûr de lui et si confiant dans la victoire qu'il se vantait déjà de ce qu'il ferait lorsque la ville serait prise. Il décrivait son

Sans se soucier des javelines qui sifflent, des épées qui s'entrechoquent, elles se rassemblent et forment un bloc serré entre les deux armées. Puis, s'adressant à leurs pères dans un camp, dans l'autre à leurs époux, elles réclament la paix.

« Vous combattez à cause de nous, crient-elles, mais nous ne voulons pas nous retrouver sans maris ni pères. Plutôt mourir nous-mêmes à votre place ! »

Le silence tombe sur le champ de bataille. Un moment, les deux camps se contemplent immobiles, puis les chefs des deux armées déposent en même temps leurs armes et font la paix. Alors, les guerriers échangent entre eux d'amicales poignées de main.

La paix rétablie, les deux nations se fondirent pour n'en plus former qu'une seule, et les deux rois se partagèrent le pouvoir. Puis Tatius mourut, laissant Romulus seul sur le trône. Ce fut alors que Mars persuada Jupiter d'admettre son fils parmi l'assemblée des dieux.

Tandis que Jupiter suscitait un orage subit et violent, Mars vola vers Rome sur son char ailé et trouva Romulus siégeant devant son peuple sur le mont Palatin. Plongeant vers lui, il le fit se volatiliser. À la place de l'homme Romulus apparut son image divinisée qui s'évanouit à son tour, laissant les témoins éblouis par ce prodige.

Quand ils réalisèrent que Romulus les avait quittés pour toujours, ils élevèrent un temple en l'honneur du héros fondateur, qu'ils vénérèrent désormais sous le nom du dieu Quirinus.

Hersilie eut le cœur brisé à la mort de son illustre époux et venait constamment se lamenter dans son temple. Junon eut pitié d'elle. Un jour qu'Hersilie était en prière, la déesse fit tomber près d'elle une étoile. Sa chevelure s'enflamma et, couronnée de feu, Hersilie monta avec l'étoile rejoindre son époux dans l'éther. Submergé de bonheur, le nouveau dieu serra sa femme dans ses bras. Ce faisant, il changea à la fois son apparence et son nom. Ensemble Quirinus et Hora partagèrent désormais la félicité des dieux, et veillèrent à jamais sur cette cité de Rome, qui était la leur.

D'après une autre tradition, plus réaliste celle-là, Romulus aurait été tué, lors d'une assemblée du Sénat, par les sénateurs irrités de son despotisme. Ils emportèrent chacun un lambeau de son corps sous leur robe, et affirmèrent ensuite que le roi avait été enlevé au ciel.

entrée triomphale dans Rome quand Romulus, par une foudroyante contre-attaque, surprit tout à fait les rangs de l'adversaire. Le cheval de Mettius, affolé par le tumulte soudain et la confusion, s'emballe et file droit devant lui, son cavalier cramponné à son dos. Il arrive bientôt à la zone marécageuse qui borde le fleuve. Le combat s'arrête alors : chacun regarde, immobile, Mettius et son cheval qui luttent et s'enlisent inexorablement dans le bourbier. Mettius parvient à se dépêtrer du harnais au moment même où le cheval est englouti sous la fange. Les Sabins acclament Mettius tandis qu'il regagne la terre ferme, mais l'incident a brisé leur élan, et les Romains dès lors les repoussent sans peine.

Pendant ce temps, les Sabines avaient regardé la bataille qui se livrait à cause d'elles. Voyant les morts et les blessés tomber toujours plus nombreux, elles ne peuvent le souffrir plus longtemps, et envahissent le champ de bataille, leurs enfants dans les bras, leurs cheveux dénoués, leurs vêtements flottant au vent derrière elles.

Le sage Numa

Lᴏʀꜱ ᴅᴇ ʟᴀ ꜱᴏᴜᴅᴀɪɴᴇ disparition de Romulus, le peuple de Rome se trouva confronté à un problème de succession : qui allait prendre sa place sur le trône ? Les Sabins, redoutant la puissance toujours grandissante de leurs alliés, désiraient choisir l'un des leurs. Et, naturellement, les Romains voulaient un roi issu de leur nation et refusaient catégoriquement l'idée d'être gouvernés par un Sabin.

Tandis que la querelle divisait les deux peuples, de nombreuses cités des environs prenaient les armes pour attaquer ensemble le territoire romain. Conscients du danger, les sénateurs décidèrent de faire élire un roi par le peuple et, devant les citoyens rassemblés, l'un d'eux prononça ce discours :

« Gens de Rome, Sabins et Romains réunis, vous êtes libres de choisir un roi. Si l'homme que vous désignerez est digne de succéder à Romulus, alors le Sénat confirmera votre choix. Que la Fortune et les bénédictions des dieux vous aident. »

L'idée de choisir un roi par eux-mêmes enchanta les citoyens, qui se mirent à la recherche de leur candidat. Malgré toutes leurs investigations, ils ne trouvèrent qu'un seul homme digne de monter sur le trône : un certain Numa Pompilius, Sabin originaire de Cures, qui jouissait d'une grande renommée de sagesse et de bonté. Il avait consacré sa vie à étudier les phénomènes de la nature et le mouvement des astres. Sa piété envers les dieux était connue, de même que sa connaissance des lois. Enfin, c'était un homme épris de paix et de concorde. Lorsqu'on lui proposa de succéder à Romulus, il commença par se montrer surpris et réticent.

« Les rois sont des hommes de guerre, dit-il ; ils dirigent de grandes armées. Je suis un homme de paix, vous ne l'ignorez pas. »

On s'efforça de le convaincre que Rome avait justement grand besoin de paix.

« Deviens notre roi, dirent les citoyens, et tu pacifieras le pays. Toi seul es capable d'accomplir cette œuvre. »

Finalement, le nom de Numa fut soumis au Sénat et, à l'unanimité, on décida de lui confier le pouvoir.

Arrivé à Rome, la première chose que Numa demanda au Sénat fut de consulter les dieux afin qu'ils expriment à leur tour leur approbation.

Un augure, dont la fonction était d'interpréter les signes des dieux, fut désigné et il monta en compagnie de Numa au mont Capitolin pour observer le ciel. Là, il adressa au roi des cieux cette prière :

« Grand Jupiter, si tu souhaites que cet homme, Numa Pompilius, devienne roi de Rome, envoie-nous un signe. »

L'augure soupçonnait la nature de ce signe, et les deux hommes attendirent, guettant l'apparition dans le ciel d'un phénomène peu ordinaire. Et le signe se présenta, tel que l'avait pressenti le devin : un vol de vautours passa lentement au-dessus de leurs têtes, leurs grandes ailes déployées portées par les vents des hauteurs.

Ce signe, le même qui était apparu à Romulus tant d'années auparavant, semblait indiquer avec évidence que Jupiter approuvait le choix du peuple. Numa, se soumettant à la volonté des dieux, descendit du mont et reçut la couronne.

Malgré ses efforts, il ne parvint pas tout de suite à rétablir la paix car les gens, habitués à se battre, acceptaient difficilement de déposer les armes. Alors Numa fit dédier un temple à Janus, le dieu des passages et des portes. Le sanctuaire fut doté de deux énormes portes, destinées à montrer au peuple si Rome était en guerre ou en paix. En effet, en période d'hostilités, on les tenait ouvertes ; on les fermait aussitôt que les combats avaient cessé. Numa conclut des pactes d'amitié avec toutes les cités environnantes, et ordonna de fermer solidement les portes de la guerre : elles le restèrent pendant toute la durée de son règne.

Numa s'employa ensuite à adoucir les mœurs de ses concitoyens. N'ayant plus à se battre, ils risquaient de devenir désœuvrés et agités. Il leur enseigna donc à tirer le meilleur profit de la paix. Lui-même avait puisé un grand réconfort et une vraie sérénité à honorer les dieux; il voulut inspirer le même désir à son peuple. Or, il était marié à une femme qui n'était pas une simple mortelle. C'était la nymphe des eaux Égérie qui demeurait hors de la ville, près d'une source pure. Peu de gens étaient admis à pénétrer dans les bois sacrés qui entouraient la fontaine, car Égérie s'y entretenait secrètement avec les Muses, ces neuf filles de Jupiter qui protégeaient les lettres et les arts. Égérie transmit sa science à son époux qui, à son tour, en instruisit le peuple. Et les hommes acceptèrent d'autant plus volontiers son sage enseignement qu'il était

sanctionné et vraiment approuvé par les dieux. Un des plus importants changements introduits par Numa fut la création du calendrier sacré. Il divisa l'année en douze mois et marqua les temps où les différents dieux et déesses devaient être honorés. Puis il fonda les collèges des prêtres chargés des cérémonies religieuses, en particulier les flamines qui se partageaient le culte de Jupiter, de Mars et de Quirinus. Il désigna également les vestales qui devaient entretenir le feu sur le foyer sacré du temple de la déesse Vesta. Numa était véritablement un prêtre en même temps qu'un roi, mais il se doutait que ses successeurs ne seraient pas tous capables d'assumer ces deux fonctions. La plupart, pensait-il, seraient souvent absents de Rome, occupés à guerroyer; aussi nomma-t-il un pontife responsable des institutions religieuses à la place du roi. Cette idée était juste et bonne, et la charge de pontife suprême tint une place importante à Rome pendant des siècles.

C'est ainsi que, sous le règne de Numa, le peuple romain connut une époque de fervente piété, veillant à ce que les cérémonies fussent fidèlement accomplies selon les rites, et que la communauté tout entière vécût dans le respect des lois divines. Peu à peu, cette influence se propagea jusqu'aux cités voisines qui ne virent plus en Rome une citadelle militaire, mais un lieu saint où le culte des dieux occupait la première place. Plus personne ne songeait à attaquer la cité, car une telle entreprise eût paru une offense envers les dieux.

Numa régna quarante-trois ans, puis ses forces l'abandonnèrent, et il s'éteignit doucement. Comme il avait aimé la paix plus que le pouvoir lui-même, chacun lui vouait une affectueuse vénération. Ce roi fut un père pour le peuple romain qui apprit beaucoup de son exemplaire sagesse. Il fut pleuré de tous, mais nul ne le regretta autant que sa femme, la nymphe Égérie. Elle quitta sa grotte sacrée près de la ville, et se réfugia dans les monts d'Aricie, au sud de Rome. Là, dans la forêt qui s'étendait sur les rives d'un lac, elle se cacha dans le bosquet consacré à la déesse Diane.

Rien ne pouvait consoler Égérie de la perte de son époux, et elle versait des larmes intarissables. Ses lamentations incessantes, ses cris de douleur finirent par troubler les cérémonies de la déesse. Les nymphes du bois sacré l'entourèrent, la priant de cesser ses gémissements, mais elle ne parvenait pas à maîtriser ses sanglots.

Diane intervint et lui envoya son compagnon Virvius pour la consoler. Il était comme Diane une divinité de la forêt et de la chasse et, pensant distraire Égérie de sa peine, il lui conta l'histoire de sa malheureuse destinée.

« On m'appelait autrefois Hippolyte, commença-t-il. Je suis le fils de Thésée qui fut roi d'Athènes, et d'Hippolyte, la reine des Amazones. Je fus injustement traité par mon père et ma belle-mère qui m'envoyèrent en exil. Mais, tandis que je m'éloignais de la ville, guidant mon char le long de la côte, Neptune, le dieu marin, fit surgir d'entre ses vagues un monstre, qui se mit en travers de ma route. Mes chevaux épouvantés s'emballèrent, brisèrent mon char dans leur course folle et moi, jeté à terre, empêtré dans les rênes, je fus traîné misérablement sur les rochers.

« Je mourus sur le bord de la mer, et j'étais prêt à entrer au royaume de Pluton quand le médecin Esculape me ramena à la vie grâce au pouvoir de ses plantes.

« Diane vint à mon secours et me cacha dans un nuage où elle accomplit un nouveau prodige : elle changea complètement mon apparence afin que personne ne puisse me reconnaître, car les dieux pouvaient s'irriter que j'eusse trompé la mort. Esculape ne fut pas aussi heureux que moi. Jupiter ne pouvait tolérer tant de puissance chez un simple mortel et il tua le bon médecin d'un coup de foudre. Diane me transporta dans sa forêt sacrée et changea mon nom en Virbius. Depuis, je vis paisiblement ici, heureux de servir ma déesse. »

Égérie, qui avait écouté calmement ce merveilleux récit, sitôt qu'il fut terminé, répandit de nouveaux torrents de larmes, plus abondantes encore. Étendue dans l'herbe, tout son corps secoué de sanglots convulsifs, elle baignait la terre de ses pleurs.

Diane, patronne des fontaines et des rivières autant que des forêts, fut touchée par l'amour inconsolable que la nymphe vouait à son époux.

« Infortunée Égérie, dit-elle d'une voix douce, une douleur comme la tienne ne saurait avoir de fin. »

Et, d'un geste de sa divine main, elle transforma le corps d'Égérie en une source qui jaillit d'entre les herbes et alla remplir le creux d'un rocher de son onde claire et glacée.

Depuis lors, la source du bois sacré de Diane, à Aricie, fut connue comme la source d'Égérie, et les pèlerins de toute l'Italie vinrent honorer la fidèle nymphe pendant des siècles et des siècles.

La dynastie des Tarquins

Tullus hostilius succéda à Numa sur le trône. À l'inverse de son prédécesseur, c'était un guerrier qui n'aspirait qu'aux combats. Devenu roi, il saisit le premier prétexte pour engager un conflit.

Il s'en prit tout d'abord aux gens d'Albe la Longue, la ville qu'Ascagne, le fils d'Énée, avait fondée quelques siècles plus tôt. Que les Albains fussent étroitement liés aux Romains ne l'embarrassa nullement; il les vainquit sans peine, puis les contraignit à quitter leur cité pour s'établir dans Rome. Les soldats se répandirent à travers Albe afin d'exécuter l'ordre royal, tandis que les Albains, immobiles et muets, les laissaient faire, trop bouleversés pour parler ou se défendre. Ils sortirent tristement de leurs maisons, n'emportant avec eux que quelques provisions de voyage, et furent massés comme du bétail le long de la route qui menait à Rome.

Aussitôt les soldats entamèrent leur œuvre de destruction, n'épargnant que les temples. Les gens d'Albe se retournaient pour voir des nuages de poussière monter de la cité qu'ils avaient tant chérie. Ils croyaient que les dieux les avaient abandonnés.

Encouragé par ces premiers succès, Tullus retourna ses armes contre les villes voisines, les battit toutes, accroissant ainsi la richesse et la puissance de Rome.

Ce fut alors que survint un étrange événement. La rumeur circula qu'on avait vu pleuvoir des pierres sur le mont où se dressait naguère Albe la Longue. Des Albains furent envoyés sur les lieux et virent en effet une averse de pierres tombant du ciel et s'amassant sur le sol en une couche épaisse. Comme ils cherchaient à s'en protéger, une voix sévère leur adressa cet avertissement :

« Albains, vous avez déserté la religion de vos pères, à votre propre péril. Revenez au culte de vos dieux. »

À leur retour à Rome, on consulta les devins. Sur l'avis de ces derniers, une fête de neuf jours fut organisée de façon à permettre aux Albains et aux Romains de renouer avec la piété de leurs aïeux.

Sourd à cet avertissement, le roi Tullus était impatient de repartir en campagne. Il détestait voir les jeunes gens perdre un temps précieux qu'ils auraient pu employer à se battre.

Toutefois, avant qu'il ait pu remettre l'armée sur pied, Rome fut affligée d'un terrible fléau et Tullus lui-même tomba malade. Dans sa faiblesse, il oublia ses projets guerriers et se tourna vers la religion, se joignant à son peuple pour prier les dieux de rendre paix et santé à la ville.

Peut-être essayait-il d'imiter Numa car, un jour qu'il lisait les écrits de son prédécesseur, il tomba sur la description d'un rite secret dédié à Jupiter. Sans rien dire à personne, il accomplit ce rite, pensant recevoir en retour la protection éclairée du dieu. Or, il commit une faute grave au cours de la cérémonie. Ce manquement aux règles sacrées irrita Jupiter qui lança sa foudre sur le palais royal. Les flammes pénétrèrent dans la chambre du roi et Tullus, pris au piège, fut brûlé vif.

À la mort de Tullus, on choisit pour roi Ancus Martius, un descendant du sage Numa. Sans doute Ancus Martius eût-il suivi l'exemple pacifique et pieux de Numa, si Rome n'avait subi l'assaut de peuples latins désireux d'éprouver la force du nouveau roi. Bien qu'il désirât la paix, celle-ci lui parut, dans le cas présent, incompatible avec l'honneur de Rome. Toutefois, d'après lui, la religion et la guerre pouvaient fort bien s'accommoder, pourvu que les dieux ne fussent pas négligés. Sous sa conduite, les Romains vainquirent les Latins, et une fois encore, la population et la superficie de Rome s'accrurent.

Ce fut sous le règne d'Ancus Martius qu'un homme riche et ambitieux, du nom de Lucumon, vint s'installer à Rome. Il arrivait de la ville étrusque de Tarquinies, avec sa femme Tanaquil et ses deux fils. Sa femme l'avait poussé à venir à Rome qui, pensait-elle, offrait une plus vaste carrière à ses ambitions. Au cours du voyage, un aigle fondit du ciel sur le char de Lucumon, s'empara de sa coiffe, l'emporta dans les airs, puis vint la déposer sur la tête de l'homme abasourdi. Tanaquil ne cacha pas sa joie.

« Comprends-tu ce que signifie ce présage ? s'écria-t-elle. Tu seras grand et honoré. Un jour, on te couronnera roi. Voilà ce qu'annonce ce signe venu du ciel. C'est plus que je n'osais espérer. »

Une fois à Rome, ils achetèrent une vaste demeure dans les quartiers riches de la ville et se gagnèrent la sympathie des Romains par leurs libéralités. Lucumon prit le nom de Lucius Tarquinius Priscus, mais bien vite on l'appela familièrement Tarquin. Il menait un somptueux train de vie, et se fit des relations influentes parmi lesquelles le roi lui-même. Habilement, Tarquin sut si bien tirer profit de l'amitié royale qu'Ancus finit pas s'en remettre entièrement à ses avis et lui confia la tutelle de ses deux jeunes fils.

Or, Ancus se faisant vieux, l'opinion publique s'attendait à ce qu'un de ses fils lui succédât. Mais, à sa mort, Tarquin ne laissa pas passer sa chance. Il envoya les princes à une partie de chasse et, en leur absence, convoqua le peuple. Dans une harangue véhémente, il fit l'éloge de ses vertus et se déclara prêt à les mettre au service de Rome. Enthousiasmés, les citoyens lui décernèrent la couronne. Les princes, à leur retour, trouvèrent Tarquin solidement établi sur le trône. Ils durent s'incliner devant le choix public, mais ne pardonnèrent jamais à Tarquin cette fourberie.

Le premier geste de Tarquin roi fut de reprendre la guerre contre les Latins. La campagne se solda par un succès. De retour à Rome, Tarquin célébra sa victoire en instaurant de grands jeux à la mode étrusque.

D'autres campagnes suivirent, de nombreuses villes et terres du Latium furent conquises, et le pouvoir de Rome s'étendit rapidement sous le règne de ce chef ambitieux. Toutefois, Tarquin ne s'occupa pas que de guerre : il introduisit d'utiles changements au sein de l'armée comme dans le gouvernement de la cité, fit construire de nouveaux remparts et un système d'égouts (Cloaca maxima), et entreprit l'érection sur le Capitole d'un grand temple dédié à Jupiter.

Parmi ceux qui vivaient dans la demeure royale se trouvait une esclave, Ocrisia, autrefois reine d'une cité latine conquise par Tarquin. Ocrisia avait un fils nommé Servius Tullius. Un jour que l'enfant dormait, sa tête fut soudain environnée de flammes. Les témoins de la scène appelèrent au secours. Tarquin et sa femme accoururent en personne. Tanaquil, habile dans l'art des augures, comprit aussitôt ce signe et apaisa l'assistance. Peu après, l'enfant s'éveilla et les flammes disparurent sans laisser nulle trace douloureuse.

Lorsque Tanaquil fut seule avec le roi, elle lui confia le sens de ce présage :

« Cet enfant, dit-elle, est appelé à de hautes destinées et couvrira de gloire Rome et notre famille.

Dorénavant, nous veillerons à ce qu'il soit élevé dignement. »

Le fils de l'esclave Ocrisia reçut donc une éducation princière dans le palais de Tarquin où chacun l'aimait et le respectait. Devenu grand, Tarquin jugea qu'il ferait un excellent gendre et lui donna sa fille en mariage. Le jeune Servius avait toute les chances de monter sur le trône. Toutefois, les deux fils d'Ancus gardaient encore rancune à Tarquin pour la façon dont il les avait frustrés du pouvoir. Lorsqu'ils virent que Servius — et non l'un d'eux — allait hériter de la couronne, ils décidèrent d'agir et, en désespoir de cause, se résolurent à assassiner Tarquin.

Ils eurent recours, pour exécuter leur plan, à deux frustes bergers. Ceux-ci feignirent de se battre aux abords même du palais, et furent amenés devant le roi afin qu'il réglât leur différend. Tandis que Tarquin écoutait l'un plaider sa cause, l'autre se glissa derrière le trône et lui porta dans le dos un coup de poignard. Dans le tumulte qui suivit, les bergers tentèrent de fuir

mais on les rattrapa, et bientôt la foule indignée s'amassa autour du palais.

La reine Tanaquil appliqua tout son art à guérir la blessure de Tarquin et à lui sauver la vie. En vain. Alors, elle fit venir Servius, lui montra le roi mourant, et avec sang-froid lui dit :

« La chance s'offre à toi. Le trône t'appartient si tu agis promptement. Les dieux eux-mêmes désirent que tu règnes : souviens-toi de cet anneau de feu qui vint jadis auréoler ton front. Montre-toi digne de leur choix. »

Au-dehors, la foule grossissait sans cesse. Pour laisser à Servius le temps nécessaire, Tanaquil parut à une fenêtre du palais et harangua la foule. Elle annonça que le roi n'était que légèrement blessé et qu'il recouvrerait bientôt la santé.

« En attendant, ordonna-t-elle, obéissez à Servius, il remplacera le roi jusqu'à ce que ce dernier soit tout à fait rétabli. »

Naturellement, Tarquin ne se rétablit jamais, et pour cause ! Servius lui succéda sans aucune difficulté. Ainsi débuta un règne qui allait être long et heureux.

Cependant, il ne manqua pas, au sein même de sa famille, d'envieux qui complotaient dans l'ombre pour lui ravir le pouvoir. Parmi eux se distinguaient le fils de Tarquin, nommé Tarquin comme son père, et sa femme Tullia, la propre fille de Servius. Leur ambition était sans limites. Chacun d'eux avait dû commettre un meurtre pour pouvoir épouser l'autre et, d'intrigue en intrigue, ils se rapprochaient lentement dans l'ombre du trône tant convoité. Tullia, sans doute la plus acharnée des deux, poussait Tarquin à renverser son père.

Tarquin se gagna le concours de familles influentes à Rome, tant par la corruption que par les promesses et, quand il se sentit assez fort, il convoqua le Sénat comme s'il était déjà le roi. Puis, dans un discours enflammé, il se répandit en calomnies sur la personne de son beau-père.

Sur ces entrefaites, Servius, informé des événements, se rendit sur-le-champ au Sénat et apostropha son gendre :

« Que prétends-tu, Tarquin ? Et de quel droit convoques-tu l'assemblée et sièges-tu à ma place sur le trône ?

— Je suis fils de roi, répondit l'autre, et tu ne peux revendiquer un tel titre. Ce trône me revient de droit par ma naissance ! »

Les sénateurs eux-mêmes étaient divisés, et les partisans de chacun des rivaux emplissaient la salle de leurs cris. Comme le tumulte allait croissant, la nouvelle d'une révolte se répandit dans la ville, et une foule excitée se pressa aux portes du Sénat.

Craignant que la popularité de Servius ne desserve sa cause, Tarquin se jeta sur le vieux roi, le souleva à bout de bras et alla le précipiter du haut des marches du palais sénatorial. Tandis que la foule, effrayée, s'écartait, Servius essaya de se remettre sur ses jambes. Les hommes à la solde de Tarquin se jetèrent sur lui et le traînèrent jusqu'à ce que mort s'ensuive, puis ils abandonnèrent son cadavre dans la rue.

À ce moment, Tullia arriva et conseilla à son mari de s'adresser au peuple, assemblé devant la maison du Sénat. Elle fut la première à le proclamer roi. Pressé par les partisans de Tarquin disséminés dans la foule, le peuple se joignit à ses acclamations.

Alors Tullia, exultante, bondit sur son char et se fit emmener au galop vers le palais royal. Soudain, le conducteur du char retint ses chevaux et lui montra le vieux Servius, gisant abandonné au coin de la rue.

« Avance ! » cria Tullia qui, dans l'ivresse de son triomphe, n'accorda pas un second regard au cadavre de son père.

Et, comme le char passait sur le corps du roi, le sang gicla, poissant les roues et tachant de rouge la robe de Tullia.

Ainsi débuta le règne du dernier roi de Rome.

Tarquin le Superbe

LE NOUVEAU ROI de Rome fut très tôt surnommé le Superbe, autrement dit l'Orgueilleux : incontestablement, le tyran méritait bien ce titre. Il s'était emparé du pouvoir par la violence, il dut le conserver de même. Sa royauté n'avait rien de légitime puisqu'il n'avait pas été élu; au Sénat, il avait de nombreux adversaires que révoltait sa façon d'accaparer tous les pouvoirs pour lui seul. Ceux qui avaient le courage de le critiquer ouvertement étaient aussitôt éliminés ; les autres n'osèrent bientôt plus ouvrir la bouche. En fait, il n'avait d'autre moyen de gouverner que la crainte qu'il inspirait. Ses victimes étaient assassinées ou bannies de Rome, et Tarquin s'appropriait leurs biens qui venaient augmenter sa fortune. Très vite, il fut si universellement haï qu'il dut s'entourer en permanence de gardes du corps.

Tarquin et Tullia avaient trois fils. L'aîné, Sextus, avait hérité de la violence et de la cruauté de ses parents. Il aida son père à combattre et à conquérir maintes cités voisines. Une seule place forte leur résistait : Gabies. Mieux défendue que les autres, elle refusait héroïquement de se soumettre au pouvoir de Rome. Les assauts répétés de Tarquin se brisèrent devant ses murs et il dut rentrer bredouille à Rome. Alors, avec Sextus, il conçut un stratagème pour venir à bout de la cité opiniâtre.

Un jour, Sextus se présenta, titubant, devant les portes de Gabies, couvert de sang et les vêtements en lambeaux. On le laissa entrer et il exposa son affaire devant les anciens de la cité.

« Le roi mon père a tourné sa violence contre sa propre famille, expliqua-t-il, personne n'est plus en sécurité. À peine ai-je pu m'échapper; ses soldats me poursuivent et ont ordre de me tuer. »

Il agrémenta son histoire d'une grande profusion de détails qui tendaient à prouver sa bonne foi. Ensuite, il leur dévoila son projet : réunir une armée assez forte pour marcher contre Tarquin et les insolents Romains.

Les habitants de Gabies ne renvoyèrent pas Sextus. Au contraire, peu à peu ils se fièrent à lui et prirent au sérieux ses conseils. Il réussit même à se faire remettre le commandement de l'armée entière, et mit tout en œuvre pour gagner l'admiration de ses troupes. La première partie de sa mission étant achevée, il dépêcha en cachette un messager à Tarquin pour savoir ce qu'il devait faire ensuite.

Le messager s'entretint en privé avec le roi, lui transmit la demande de Sextus et attendit la réponse. Tarquin arpentait pensivement la salle et gardait le silence. Soudain, il se dirigea vers les jardins du palais, toujours suivi du messager qui s'étonnait du mutisme royal. Les jardins étaient en pleine floraison. Tarquin s'avança dans les allées et, de son bâton, faucha délibérément la tête des plus hautes tiges.

« O roi, insista encore une fois le messsager, quelle réponse dois-je porter à ton fils ? »

Tarquin lui tourna froidement le dos et rentra au palais sans un mot. De retour auprès de Sextus, l'envoyé ébahi lui rapporta comment s'était déroulée l'entrevue avec son père; Sextus, lui, saisit aussitôt les intentions de Tarquin : dès le lendemain, il entreprenait de faire périr les hommes les plus influents de Gabies. Il portait contre eux des accusations forgées de toutes pièces et s'arrangeait pour qu'ils fussent condamnés, ou tout simplement les faisait assassiner en secret. Bientôt maître de Gabies, il livra la ville à son père qui put l'ajouter à ses autres conquêtes sans même avoir quitté Rome.

Puis Tarquin songea à la renommée future de sa dynastie. Il voulait que les hommes gardent un souvenir glorieux de son règne et se lança dans de grands travaux. Il fit achever le temple commencé par son père sur le Capitole, et s'adjoignit le concours d'habiles artisans et architectes étrusques afin de mener à bien cette tâche. Les pauvres de la cité servirent de main-d'œuvre forcée. Le sanctuaire achevé, il entreprit d'autres projets ambitieux, notamment la construction du grand cirque pour les jeux. Mais si chacun s'était résigné de bonne grâce à participer à l'érection du temple, il en alla autrement cette fois, et les travaux forcés firent naître le mécontentement dans le peuple.

Ce fut vers cette époque que Tarquin reçut la visite d'une étrange vieille, toute desséchée, qui apportait avec elle neuf livres fort anciens. Elle les montra au roi, disant :

« Ces livres renferment toutes les destinées de Rome. Ils seront d'une grande utilité pour toi et tes successeurs. »

Le roi ne la crut pas. Il voulut pourtant jeter un coup d'œil sur les livres, par curiosité, mais elle cacha les volumes sous son manteau.

« Non, dit-elle, acquitte-toi d'abord du prix. Je ne peux te montrer ces livres qu'à cette seule condition.

— Et quel en est le prix ? » demanda Tarquin.

La vieille en réclama une somme très élevée, si élevée que Tarquin lui rit au nez.

« Je paierais la rançon d'un roi avec ça ! s'esclaffa-t-il. Va-t'en, et remporte tes vieux grimoires avec toi ! »

Le lendemain, la vieille s'en revint au palais et demanda à voir Tarquin. Cette fois, elle ne lui proposait plus que six livres : elle avait brûlé les trois autres.

« Tu veux toujours me vendre ces livres ! Quel est le prix de ceux qui restent ? Je ne te les achète que s'ils valent beaucoup moins cher qu'hier. »

Mais la vieille femme réclamait la même somme qu'auparavant.

« Quoi ? s'indigna le roi. Tu es folle ! Cesse de me faire perdre mon temps. »

Il la renvoya brutalement, et elle sortit, impassible et très digne, emportant ses livres avec elle. Son accès de colère tombé, Tarquin s'en voulut d'avoir cédé à son impulsivité. Cette vieille commençait à l'inquiéter avec son insistance, et il ne cessait d'y penser. Peut-être avait-il manqué de prudence ? Mieux valait consulter les prêtres sur cette affaire. Quand ceux-ci furent mis au courant, ils dirent au roi :

« À en croire ta description, cette femme est une sibylle, une de ces prêtresses choisies par les dieux pour transmettre leurs oracles aux hommes. En ce cas, ses livres n'ont pas de prix. Que ne nous as-tu informés plus tôt ! Si elle revient, achète les livres, quel qu'en soit le prix : nous t'en supplions. »

Le lendemain, la sibylle revint. Elle ne portait plus que trois livres, ayant brûlé les autres.

« Eh bien, demanda-t-elle, achèteras-tu les trois livres qui me restent ?

— Quel est ton prix, ô vieille femme ? »
s'enquit Tarquin avec respect.

La somme était la même qu'au premier jour,
mais, cette fois, Tarquin paya et prit les livres.
La sibylle quitta Rome, et on ne la revit jamais
plus. Quant aux livres, qu'on appela les *Livres
sibyllins,* ils furent confiés à la garde des prêtres
du temple capitolin, qui ne devaient les consulter que lorsque Rome serait menacée de très graves dangers.

Si Tarquin fut troublé par les étranges circonstances qui accompagnèrent l'acquisition des
livres sacrés, il le fut plus encore par l'apparition d'un serpent dans le palais. Le reptile
s'introduisit dans la salle par la fissure d'un
pilier de bois, nullement intimidé par la présence d'êtres humains. Tarquin le premier
l'aperçut, rampant silencieusement sur le sol, et
ce mauvais présage l'effraya subitement. Ses
conseillers et ses devins, mandés sur-le-champ,
ne purent s'accorder sur la signification du présage, et Tarquin décida de consulter le plus célèbre d'entre tous les oracles, celui de Delphes, en
Grèce. Mais il ne pouvait se résoudre à quitter
Rome et envoya à sa place les deux personnes en
qui il pût entièrement se fier : ses fils Titus et
Arruns.

Les jeunes gens se mirent aussitôt en route,
emmenant avec eux leur cousin Brutus, un garçon qui allait les étonner fortement. C'était un
neveu de Tarquin qui passait pour un simple
d'esprit. En réalité, il était tout le contraire d'un
imbécile, et son apparente stupidité n'était
qu'une ruse destinée à le soustraire à la cruauté
suspicieuse de son oncle. Le despote vivait dans
la crainte perpétuelle de son entourage, en particulier des membres de sa famille, qu'il soupçonnait de conspirer contre lui. Il avait réussi à éliminer un grand nombre d'entre eux, mais,
tenant Brutus pour un niais inoffensif, il s'était
simplement approprié ses biens et l'avait abandonné à ses fils qui le trouvaient amusant.

Après un long voyage, les trois garçons arrivèrent à Delphes où ils consultèrent l'oracle, conformément aux instructions du roi. Avant de
repartir, Titus et Arruns ne purent se retenir
d'adresser une question personnelle au dieu.

« Lequel de nous sera le prochain roi de
Rome ? » demanda l'aîné.

Au bout d'un temps, la réponse vint, proférée
par la prêtresse d'Apollon :

« Celui qui le premier embrassera sa mère gouvernera Rome. »

Les deux frères étaient pressés de rentrer dans
leur patrie, chacun, bien sûr, voulant être le premier à saluer leur mère.

Seul Brutus avait deviné le sens caché dans les
paroles de l'oracle, et, tandis qu'il s'éloignait du
sanctuaire, il feignit de trébucher et tomba, la
face contre le sol, de sorte que ses lèvres touchè-
rent la Terre, la mère de toutes les créatures.

À leur retour, les voyageurs trouvèrent les
Romains en pleins préparatifs de guerre. Tarquin avait besoin d'argent pour payer ses ambitieux travaux et comptait s'emparer de la plus
riche des villes du Latium, Ardea. Celle-ci lui
opposa pourtant une résistance plus solide qu'il
ne l'avait prévu, et supporta sans broncher tous
ses assauts. Tarquin s'obstina, persuadé d'en
venir à bout, et prépara donc son armée à soutenir un long siège.

Brutus pensa que l'heure d'agir avait sonné : le
peuple n'avait que trop longtemps souffert la
tyrannie des Tarquins, et leurs adversaires
étaient prêts à se soulever pour les abattre. Brutus, lui, était revenu transformé de son séjour à
Delphes. Il avait pris soudain confiance en lui-
même, et cessa dès lors de jouer les simples
d'esprit.

Tandis que Tarquin et ses fils, absents de Rome,
assiégeaient Ardea, il rassembla une solide
armée de loyaux sujets, prêts à passer à l'action.

Les petites gens de Rome lui apportèrent également leur soutien, et bientôt la cité tout entière
exigeait la déposition immédiate de Tarquin le
despote.

La reine, Tullia, s'enfuit du palais, pourchassée
par la populace, et parvint à sortir de la ville.

Lorsque la nouvelle du soulèvement arriva
jusqu'à Tarquin, il regagna Rome en toute hâte,
accompagné de ses fils, mais ce fut pour trouver
les portes de la cité fermées devant lui. Entre-
temps, Brutus s'était rendu à Ardea et avait persuadé à la fois les assiégés d'Ardea et l'armée
romaine de lui apporter leur concours. Tarquin
et ses fils furent expulsés de Rome et condamnés
à finir leurs jours en exil.

Acclamé par le peuple enthousiaste comme son
« *liberator* », Brutus ne devint pourtant pas roi
de Rome : le temps des rois était passé.

La république fut proclamée, et les pouvoirs
confiés à deux magistrats élus, les consuls, que
l'on renouvelait chaque année. Et, en l'an I de
la jeune République romaine, l'un des consuls
fut évidemment Brutus le Libérateur.

Les débuts de la République

LE NOUVEAU GOUVERNEMENT consulaire ne plaisait pas à tous, à Rome. Certains regrettaient l'ancien régime des rois, et toute une fraction de la jeunesse souhaitait le retour de Tarquin.

Un jour, un esclave surprit des jeunes gens en train de conspirer et rapporta leurs projets à Brutus qui les fit aussitôt arrêter. Parmi les conspirateurs se trouvaient ses deux fils.

Au cours du procès qui suivit, Brutus fut tenté d'user de son pouvoir pour sauver ses enfants, mais il comprit bien vite qu'il fallait y renoncer : tout le peuple attendait de lui qu'il donnât l'exemple de l'équité et il dut faire passer ses devoirs de Romain avant l'amour paternel. Ses fils étaient coupables; la mort dans l'âme, il les condamna à être exécutés avec leurs complices. Ce faisant, il s'acquit le respect de tous les citoyens.

Déception et fureur de Tarquin, quand il apprit que le complot avait été découvert ! Il désirait à tout prix reprendre le pouvoir et, puisque l'intrigue avait échoué, il emploierait la violence. Il obtint l'appui de deux cités étrusques et marcha sur Rome à la tête de sa nouvelle armée. La bataille fit rage un jour entier, et vit tomber un des fils de Tarquin et le consul Brutus.

Au cours de la nuit suivante, l'armée étrusque fut tirée du sommeil par une voix puissante qui provenait de la forêt voisine :

« Écoutez, Étrusques ! Écoute, Tarquin ! disait-elle. Moi, Sylvain*, je vous donne cet avertissement. C'est en vain que vous poursuivez le combat, car les Romains l'ont déjà gagné. Rentrez chez vous, tant que vous en êtes encore capables ! »

Épouvantés, les Étrusques s'empressèrent de lever le camp en pleine nuit et d'abandonner le champ de bataille. Le lendemain, les Romains purent rentrer à Rome célébrer leur victoire.

Sans se laisser abattre par sa défaite, Tarquin se rendit à Clusium, cité étrusque sur laquelle régnait Porsenna. Le puissant monarque accepta de soutenir sa cause et Rome se retrouva aux prises avec l'armée de l'envahisseur. Les Romains jugèrent d'emblée que la lutte serait longue et dure. On se prépara à supporter le siège, tandis que l'armée étrusque dressait son camp à proximité de la ville.

Le point faible de la défense romaine était le pont Sublicius, pont de bois jeté sur le Tibre au temps d'Ancus Martius, et qui permettait aux soldats et au ravitaillement de pénétrer dans la ville. Il était gardé nuit et jour par des sentinelles triées sur le volet, qui avaient ordre de le détruire si par malheur les Étrusques s'en approchaient de trop près.

Peu après que le combat fut engagé et que les deux armées s'affrontaient sous les remparts de la cité, les Étrusques se taillèrent une brèche dans les lignes romaines qui se dispersèrent. Au lieu de se regrouper pour préparer une contre-offensive, les Romains se replièrent en direction du pont Sublicius, talonnés de près par l'ennemi. Or, ce jour-là, c'était Horatius Coclès (c'est-à-dire le Borgne) qui commandait la garnison chargée de garder le pont. Jugeant que le salut de Rome dépendait d'une prompte initiative, il cria à ses hommes :

« Ne désertez pas votre poste ! Ne laissez pas la voie libre aux Étrusques ! Il faut détruire le pont, mais au nom des dieux, faites vite ! »

Tandis que les soldats entreprenaient de démanteler le pont qui à la hache, qui à la scie, qui au bélier, Horatius, tenant fermement son bouclier et son épée, vint se camper à l'autre extrémité du passage, prêt à contenir l'assaut ennemi. Il se tenait là, tout seul, face à des milliers d'attaquants. Sidérés par un tel acte de bravoure, les Étrusques hésitèrent un instant à se porter en avant.

Deux Romains, Spurius Lartius et Titus Herminius, eurent honte de laisser leur camarade affronter seul le péril et rejoignirent Horatius. À eux trois, ils tinrent en échec les assauts des plus braves d'entre les ennemis, abattant tous ceux qui se risquaient contre eux. L'aisance avec laquelle les Romains enragés triomphaient de leurs adversaires terrifiait les Étrusques.

Tout à coup, les hommes qui démolissaient le pont se mirent à crier. Déjà les dernières poutres cédaient, le pont oscillait dangereusement. Horatius ordonna à ses compagnons de battre en retraite. Ils traversèrent en courant le pont dont les madriers s'effondrèrent après leur passage. Ils étaient saufs. Horatius, indifférent au danger qui le cernait de toutes parts, demeurait vaillamment à son poste.

Espérant traverser avant qu'il ne soit trop tard, les Étrusques foncèrent vers l'étroite entrée du pont où les attendait Horatius avec une audace provocante. Il les combattit un à un. La poussée

des assaillants risquait à tout moment de l'obliger à reculer; pourtant il ne céda pas un pouce de terrain jusqu'au moment où, dans un craquement assourdissant, tout le pont s'écroula dans les eaux tourbillonnantes du Tibre. Une clameur de triomphe s'éleva du camp romain.

Le pont coupé, tout repli devenait impossible, et le sort d'Horatius semblait fixé sans rémission. Le héros se retourna, embrassa du regard la ville qu'il venait de sauver, au sacrifice de sa vie, puis, adressant une courte prière au père Tibre, il se jeta tout en armes dans ses flots. Des deux côtés, les hommes se penchèrent pour voir s'il réapparaissait à la surface. Enfin, la pointe de son casque surgit d'entre les vagues, puis ses bras. Il luttait désespérément contre le courant, et le poids de son armure l'attirait sans cesse vers le fond. À son grand soulagement, il finit par sentir la terre ferme sous ses pieds, et les mains des camarades se tendirent vers lui pour le tirer sur la berge. Il fut porté en triomphe à travers la cité, acclamé par ses compatriotes enthousiastes. En témoignage de sa gratitude, le Sénat fit ériger une statue de cet héroïque défenseur, et lui fit don de quelques hectares de terre.

Durant les semaines et les mois qui suivirent, Porsenna poursuivit le siège, résolu à vaincre les Romains par la famine. Les assiégés souffraient de terribles privations et la situation semblait au bord du désastre quand un homme du nom de Caius Mucius se présenta lors d'une assemblée du Sénat, et formula cette simple requête :

« Je désire traverser le fleuve et pénétrer sous un déguisement dans le camp ennemi. Je pense avoir trouvé le moyen de délivrer Rome de Porsenna et de ses armées, mais je ne peux encore vous révéler tout mon plan. S'il réussit, soyez sûrs que l'honneur et la gloire de Rome en sortiront grandis. »

Les sénateurs consentirent à sa demande et Mucius partit. Une fois dans le camp ennemi, il se mêla à la multitude des guerriers et se fraya un chemin jusqu'à la tente où se tenait le roi, entouré de ses chefs. Mucius n'avait jamais vu Porsenna de près, et il lui était impossible de le distinguer avec certitude de ses guerriers, tous vêtus de façon quasi identique. Il savait qu'il risquait de se tromper de victime lorsque, bondissant en avant, il tira son poignard de dessous sa tunique. Avant qu'on ait pu l'en empêcher, il avait porté son coup mortel, et un homme gisait inanimé à ses pieds. Presque aussitôt, il reconnut son erreur car il fut empoigné et traîné

devant le roi qui, lui, était bel et bien vivant. Porsenna bouillait de colère.

« Qui es-tu ? fulmina-t-il. Pourquoi as-tu poignardé mon secrétaire, un homme que j'aimais, en qui j'avais confiance ? »

Mucius n'en fut nullement ébranlé.

« Je suis un Romain, répliqua-t-il, venu ici tout exprès pour te tuer, puisque tu es l'ennemi de Rome. Malheureusement, je me suis trompé d'homme, mais le Romain qui viendra après moi aura peut-être plus de chance. Tiens-toi sur tes gardes à chaque heure du jour et de la nuit, car c'est ainsi à présent que se poursuivra le combat. »

Porsenna était d'autant plus furieux que la menace l'effrayait.

« Quels sont ces autres ? Je te ferai torturer jusqu'à ce que tu me livres leur signalement.

— Je ne dirai plus un mot, rétorqua Mucius.

— Tu ne crains donc pas de souffrir ? »

Pour toute réponse, Mucius se tourna calmement vers le brasier ardent qu'on avait allumé pour un sacrifice, plaça sa main droite au-dessus et la laissa brûler, sans manifester aucun signe de souffrance. Ce furent les gardes qui le tirèrent en arrière. Son héroïsme impressionna fortement le roi étrusque.

« Tu es libre, dit-il, je ne peux retenir prisonnier un homme qui fait preuve d'un tel courage.

— Je te suis reconnaissant de me rendre ma liberté, répondit Mucius, et je vais te révéler ce que je n'aurais jamais dit sous la torture : je ne suis que l'un des cinq cents jeunes Romains résolus comme moi à te tuer et à mourir. Chacun tentera sa chance comme je l'ai fait, jusqu'à ce que l'un de nous y parvienne. »

Porsenna laissa Mucius rentrer à Rome, où il fut suivi de peu par des représentants porteurs de propositions de paix. Le projet héroïque de Mucius avait abouti puisque Porsenna se sentait incapable de poursuivre le siège tant que sa vie serait menacée par des hommes de la trempe du jeune Romain. La paix fut donc conclue, et les Étrusques se retirèrent, non sans laisser des réserves abondantes de vivres pour la population affamée.

Tous les efforts de Tarquin pour remonter sur le trône avaient échoué, et Rome demeura une République libre. Caius Mucius fut récompensé pour son sacrifice qui avait sauvé la cité, et parce qu'il ne pouvait plus se servir de sa main droite, atrocement brûlée, on le surnomma affectueusement Scaevola, le Gaucher.

Bien d'autres fois encore, Rome devra le salut à la vertu de ses fils plutôt qu'à la force de ses armées. Peu d'années après, la cité était de nouveau engagée dans un conflit, cette fois contre les Volsques. Ce peuple était depuis longtemps en mauvais termes avec les Romains, et Coriolan, réfugié chez eux, ne fit qu'attiser leur haine envers sa patrie. Coriolan était un grand général romain (il avait pris Corioles aux Volsques, d'où son surnom) et un membre influent du Sénat, que sa politique en faveur des riches rendit impopulaire. Ses adversaires le firent passer en jugement et l'accusèrent d'avoir cherché à affamer le peuple. Condamné à l'exil, Coriolan alla offrir ses services à ses anciens ennemis.

Rendu amer, Coriolan aspirait à se venger et poussa les Volsques à s'armer et marcher contre Rome. Il prit le commandement de leurs troupes et vint à leur tête ravager le territoire romain, mettant, pour finir, le siège devant Rome même.

Épouvantés de ses succès, les Romains lui déléguèrent plusieurs ambassades qui le supplièrent de cesser de porter les armes contre sa patrie. Sourd à leurs prières, Coriolan s'apprêta à prendre la ville.

En cette occasion, ce furent des femmes qui sauvèrent la cité du désastre. Lorsqu'il avait quitté Rome pour l'exil, Coriolan y avait laissé Véturie sa mère, Volumnie sa femme et leurs enfants. Rien jusque-là n'avait pu fléchir l'ombrageux général. Mais peut-être Véturie et Volumnie y réussiraient-elles ?

Une procession silencieuse de Romaines voilées de noir se porta à la rencontre de l'armée volsque. En tête marchait la mère de Coriolan, courbée par les ans; derrière elle venait Volumnie avec ses deux fils.

Quand Coriolan les reconnut, il courut vers elles pour les embrasser, mais tristement, elles se détournèrent de lui, sans dire un mot. Attendri par leurs larmes, il comprit qu'elles souffraient pour lui, à cause de lui : lui, le fils, l'époux bien-aimé, il menaçait leur patrie et la sienne. Aux yeux des autres femmes romaines, il était aussi un enfant de Rome, venu pour détruire la cité qui l'avait élevé.

« Rentrez chez vous, leur dit-il, Rome ne sera pas attaquée. À partir de maintenant, ma rancune est morte. »

Il embrassa tour à tour chaque membre de sa famille et le cortège s'en retourna silencieusement vers Rome. Le cœur triste et troublé, Coriolan fit retirer l'armée des Volsques.

Il ne devait jamais revoir sa patrie ni les siens.

* Autre nom du dieu Mars.

L'essor de Rome

LES RÉCITS, en grande partie légendaires, qui évoquent les héros et les guerriers de l'ancienne Rome nous offrent le tableau vivant d'une cité en pleine expansion, qui éprouve ses jeunes forces au contact des cités voisines, et se bâtit peu à peu une renommée de courage et de vertu dont les générations suivantes tireront tant de fierté. L'un des héros de la toute nouvelle République fut un tribun militaire, nommé Camille.

Un siècle après la défaite définitive de Tarquin, Rome était de nouveau en guerre avec les Étrusques, et avait décidé de porter ses attaques contre Véies, la plus riche des métropoles ennemies. Depuis dix ans déjà, elle l'assiégeait sans succès. Camille résolut que Véies tomberait tant qu'il serait général en chef. Pour stimuler l'ardeur de ses troupes, il promit un généreux butin à ceux qui participeraient à la prise de la cité. Il implora aussi l'assistance des dieux, s'engageant à combler leurs temples de riches présents en échange de leur soutien.

Le plan de Camille étant de surprendre la défense ennemie, il ordonna de creuser sous les remparts un tunnel qui devait aboutir au centre de la cité. Nuit et jour, à l'insu de l'ennemi, l'ouvrage se poursuivait. Quand tout fut prêt, une partie des troupes attaqua les remparts; l'autre, rampant dans le souterrain, déboucha au centre de Véies, à l'emplacement où se dressait un temple de Junon. Assaillis à la fois sur le front et par l'arrière, les Étrusques furent vite débordés, et les Romains mirent la cité à sac. Les vaincus furent emmenés pour être vendus comme esclaves, et toutes leurs richesses apportées à Rome.

Camille, qui avait promis de belles récompenses à ses dieux, fit transférer à Rome tous les trésors trouvés dans les temples étrusques. Les sanctuaires furent vidés de leur précieux contenu, tandis qu'images et statues étaient soigneusement empaquetées et empilées sur des chars. La statue de Junon, patronne de Véies, fut l'objet d'égards particuliers. On confia le soin de la transporter à une équipe de jeunes gens qui durent, avant de pénétrer dans le temple, faire des ablutions purificatrices et revêtir des tuniques blanches.

Arrivés devant l'imposante statue, ils examinèrent comment il convenait de la manier, mais se sentirent soudain trop impressionnés pour la toucher, tant il émanait d'elle une force sacrée.

On dit qu'un des jeunes gens rassembla alors tout son courage et adressa ces paroles à la déesse :

« Grande reine du ciel, souhaites-tu venir à Rome ? »

Tous levèrent les yeux et virent que la statue inclinait doucement la tête en signe d'assentiment. Malgré sa taille, elle pesait peu, et le transport s'effectua sans encombre, ce qui, pensait-on, prouvait bien que la déesse était impatiente de connaître sa nouvelle demeure.

Après ce premier succès, Camille conduisit son armée devant Faléries, autre citadelle de la confédération étrusque. De même que Véies, Faléries semblait imprenable et ne donnait aucun signe de défaillance. Chacun des deux camps attendait donc sur ses positions que l'autre cédât, quand une circonstance inattendue intervint qui allait donner la victoire aux Romains.

Il y avait à Faléries un maître d'école qui avait l'habitude d'emmener ses élèves se promener à l'extérieur de la ville pour leur procurer de l'exercice. La jeunesse qui lui était confiée appartenait aux familles les plus influentes de la cité. Or, l'imprudent maître d'école poursuivit cet entraînement jusqu'en période de guerre, sans se soucier que, ce faisant, il mettait en danger la vie de ces enfants.

Un jour donc, il s'aventura bien au-delà de son parcours habituel et emmena les garçons jusque dans le camp des Romains. Il se dirigea tout droit vers la tente de Camille et y pénétra hardiment.

« Que viens-tu faire là ? demanda Camille, devant cette visite inattendue. Tu sais que nous sommes en guerre, qu'attends-tu de tes propres ennemis ? »

Sans se départir de son calme, le maître répondit :

« Je t'amène les fils de toutes les nobles familles de Faléries. Garde-les en otage, ainsi tu tiendras la ville à ta merci.

— Quelle vile opinion te fais-tu de Camille et de ses guerriers ! s'indigna le général romain. Nous ne nous abaissons pas à de telles perfidies ! Comment oses-tu toi-même le faire, coquin ? »

Il ordonna que le traître soit dépouillé de ses vêtements et qu'on lui lie les mains au dos. Puis

on distribua des verges à ses élèves qui le ramenèrent à Faléries en le fouettant tout le long du chemin. Une foule excitée s'assembla au passage de ce curieux cortège, et bientôt toute la ville fut au courant de l'affaire. Les Étrusques furent touchés par la grandeur d'âme de Camille qui avait dédaigné une si facile victoire, et reconnurent que si tous les Romains montraient un tel sens de l'honneur, mieux valait s'en faire des amis. Ils demandèrent à leurs chefs de faire la paix avec Rome et d'arrêter les hostilités. La paix fut donc signée sans autre épanchement de sang, et l'armée romaine rentra triomphalement dans sa ville.

Camille jouissait donc d'un grand prestige quand, peu après son retour, les autorités l'accusèrent d'avoir détourné une partie du butin de Véies. Pour ne pas être jugé, Camille s'exila volontairement à Ardea. Or, vers la même époque, une voix mystérieuse fut entendue à Rome, proférant un avertissement sinistre.

« Romains, disait-elle, préparez-vous, les Gaulois arrivent. »

« Les Gaulois ! s'esclaffaient les chefs de la cité. Comment ces barbares viendraient-ils de si loin pour nous menacer ? »

Ils se trompaient lourdement. Déjà les hordes des tribus celtiques avaient franchi les Alpes et dévastaient les villes du nord de l'Italie. Quoiqu'ils fussent moins disciplinés que les Latins, les Gaulois étaient d'intrépides guerriers, aimant se battre et répandre le sang; les armées s'enfuyaient, terrifiées, devant eux.

Quand la nouvelle parvint à Rome que les Gaulois marchaient sur la cité, leurs troupes désordonnées déferlaient déjà à travers les campagnes environnantes. L'armée romaine sortit à leur rencontre, mais sa tentative était vouée à l'échec. En peu de temps, les Romains furent dispersés; la déroute laissait libre la voie vers la cité. À Rome, régnaient la panique et le sauve-qui-peut général. Ceux qui étaient jeunes et robustes prirent tous les trésors de la cité et des vivres, et allèrent se retrancher dans la citadelle bien fortifiée du Capitole. D'autres abandonnèrent leur domicile et cherchèrent refuge dans la campagne. D'autres encore, trop âgés ou trop faibles pour fuir, restèrent bravement chez eux, attendant l'ennemi avec le courage de vrais Romains.

Quand, enfin, les Gaulois arrivèrent, ils trouvèrent les portes ouvertes, la cité vide et déserte. Sauvagement, ils se mirent à tout saccager, mutilant les statues, incendiant et démolissant les temples et les édifices, et amassant un énorme butin. Ceux qui s'étaient réfugiés dans la citadelle contemplaient, impuissants, leur cité mise à feu et à sac, sans pouvoir rien tenter contre sa destruction. Ils réussirent toutefois à transmettre à Camille, alors à Ardea, un pressant appel au secours : c'était leur ultime espoir de sauver ce qui restait de leur grande cité.

Une fois Rome aux trois quarts détruite, les Gaulois établirent leur camp autour du Capitole, avec la ferme intention de ne pas laisser un Romain s'en échapper vivant. Une nuit, ils découvrirent un étroit passage sur le versant le plus raide du mont et décidèrent de s'emparer du bastion par surprise. Tandis que les Romains dormaient, Brennus et ses barbares entreprirent l'escalade silencieuse de la pente escarpée.

Or, il y avait, à l'intérieur du Capitole, un temple dédié à Junon; des troupeaux d'oies, oiseaux sacrés de la déesse, y étaient enfermés. Alarmées par les bruits insolites qui provenaient des rochers, les oies commencèrent à s'agiter et attaquèrent les envahisseurs qui tentaient de sauter par-dessus les remparts. Étirant leurs longs cous, sifflant, claquant du bec, battant furieusement des ailes, elles menèrent un tel tapage qu'elles éveillèrent les gardes qui se ruèrent vers les murs. Ce fut au tour des Gaulois d'être surpris : nombre d'entre eux furent précipités du haut des rochers qu'ils venaient de gravir.

Quant aux oies de Junon, qui avaient sauvé la citadelle, on redoubla d'égards pour elles. Jamais plus elles ne furent sacrifiées sur les autels, et les braves volatiles purent vivre en paix jusqu'à leurs vieux jours.

Quelques jours plus tard, Camille survint à la tête d'une solide armée et infligea aux Gaulois une écrasante défaite.

Les Romains se mirent à la tâche et relevèrent courageusement la cité de ses ruines. Reconnaissants envers Camille, ils l'honorèrent comme un deuxième Romulus et lui donnèrent le titre de second fondateur de Rome.

Héros et empereurs

À PARTIR DE LA DESTRUCTION de Rome par les Gaulois, l'histoire romaine s'appuie davantage sur des faits réels que sur la légende. Dans sa lutte contre l'envahisseur barbare, Rome était restée isolée, les autres cités latines ne lui avaient guère apporté de soutien : elle n'allait pas l'oublier. La menace celte écartée, elle se remit en campagne, et ses conquêtes en firent non seulement la maîtresse de l'Italie tout entière, mais une véritable puissance méditerranéenne.

L'idée de royauté demeurait odieuse à la majorité des Romains. Le gouvernement républicain, instauré après la chute de Tarquin, se maintint pendant des siècles et fut étendu également aux territoires conquis. Toutefois, la République romaine fut souvent troublée par les rivalités d'individus puissants et avides de pouvoir personnel.

Vers le milieu du Iᵉʳ siècle avant Jésus-Christ, deux glorieux généraux, Pompée et Jules César, ambitionnaient chacun de devenir maître absolu de Rome. Dans le duel qu'ils se livrèrent, Pompée fut le vaincu. Nommé dictateur pour dix ans, enfin *Imperator*, Jules César rassemblait tous les pouvoirs entre ses mains quand il succomba sous les coups de ses meurtriers, le jour des Ides de mars en 44 avant Jésus-Christ. La compétition pour sa succession s'engagea alors entre Marc Antoine, un de ses lieutenants, et Octave, son fils adoptif et petit-neveu. Après une période de rivalité et d'intrigues, la bataille navale d'Actium, en 31 avant Jésus-Christ, consomma la défaite de Marc Antoine qui se suicida peu avant l'illustre Cléopâtre.

Dès lors, la République a vécu. Octave rentre triomphalement à Rome pour inaugurer une ère nouvelle, l'Empire, qui ne prendra fin qu'avec la chute de Rome.

Octave reçut le nom d'*Augustus*, titre qui soulignait le caractère divin et sacré de son autorité approuvée par les dieux; à en juger par son œuvre, il semble s'être montré digne de cet honneur. Après tant d'années déchirées par les guerres civiles, l'Empire connut grâce à lui une longue période d'ordre et de paix. Certes, les moyens qu'il mit en œuvre pour parvenir au pouvoir furent cruels et impitoyables, mais, une fois sur le trône, Auguste sut donner l'exemple d'une sévérité tempérée de clémence.

Il entreprit une ambitieuse politique de réformes destinées à combattre l'irréligion.

Il se proposait notamment de restaurer les anciennes vertus du peuple romain, en particulier sa piété. Les cérémonies traditionnelles et la religion nationale avaient été fort négligées aux derniers temps de la République; les temples, délaissés, tombaient en ruine. Certains voyaient dans ce relâchement la cause des troubles et des désastres qui marquèrent la chute du régime républicain. On assurait que Rome renouerait avec son grand destin si les dieux étaient honorés conformément aux rites de la tradition. Auguste construisit ou releva des temples un peu partout, mais à Rome principalement. Il remplit les collèges de prêtres et accepta d'assumer la charge de grand pontife ou *pontifex maximus*.

Non seulement il ranima l'intérêt des Romains pour les dieux et les cultes traditionnels, mais il introduisit de nombreuses divinités grecques, telles qu'Apollon et Diane, de sorte que la religion de cette ère nouvelle attira les hommes de races différentes. Les dieux n'étaient plus uniquement ceux de Rome ou de l'Italie, mais ceux de l'Empire tout entier.

À l'époque d'Auguste, l'idée fort ancienne selon laquelle le temps — ou la durée d'un monde — est divisé en quatre âges était communément admise. Beaucoup croyaient en la prédiction qui annonçait l'avènement imminent d'une nouvelle ère heureuse, paisible et prospère. Et comme ils pensaient en déceler les signes autour d'eux, il leur sembla que ce nouvel âge avait effectivement commencé. Pour célébrer ce renouveau et manifester la reviviscence de la piété envers les dieux, Auguste organisa une imposante fête religieuse. Elle se tint à Rome en 17 avant Jésus-Christ, et l'empereur lui-même, en tant que grand pontife, présida à l'accomplissement de son rituel très élaboré qui dura neuf jours. Les cérémonies se déroulèrent dans les temples récemment construits et s'accompagnèrent de cortèges et de chœurs. L'événement impressionna vivement le peuple et fit beaucoup pour propager l'image d'un Auguste médiateur, qui avait rétabli de bons rapports entre les hommes et les puissances divines.

De là à croire que l'empereur lui-même était un dieu, il n'y avait qu'un pas, qui fut franchi aisément. En Égypte et en d'autres contrées de l'Orient ancien, c'était une tradition enracinée depuis des siècles que de vénérer les rois comme des dieux. Lorsque ces pays furent intégrés au puissant Empire romain, leurs peuples reportèrent tout naturellement cette adulation sur la personne de l'empereur. À Rome, toutefois, une telle coutume risquait de heurter les sensibilités et Auguste, prudent, refusa d'être divinisé de son vivant. Néanmoins, il fit diviniser son père adoptif Jules César, avec l'accord du Sénat, et se contenta pour lui-même du titre de *Dii filius* (fils de dieu).

Afin de conforter sa position en tant que chef investi par le peuple romain, Jules César s'était prétendu le descendant de Venus Genitrix, l'ancêtre des Julii (par l'intermédiaire d'Iule ou Ascagne, le fils d'Énée). Il avait donné son nom à un mois de l'année (juillet, *Julius*); toujours de son vivant, une statue fut même élevée en son honneur dans le temple de Quirinus, où il fut vénéré comme un dieu sous le nom de Jupiter Julius. Une légende populaire racontait que Vénus avait tenté de le soustraire à ses assassins en l'enveloppant dans un nuage. Mais la mort de César ayant déjà été décrétée par les Parques, la déesse ne put que sauver son âme et le changer en astre, comme le lui conseillait Jupiter.

Tandis que Vénus emportait l'âme de César dans les airs, elle la sentit s'échauffer progressivement jusqu'à ce qu'elle prît feu. Échappant à la déesse, elle monta en flèche vers le firmament, métamorphosée en comète au panache flamboyant. Depuis lors, César veillait de là-haut sur Rome et sur la gloire de son fils Auguste.

Pour d'évidentes raisons politiques, Auguste autorisa et même encouragea le peuple à vouer un culte à son *genius* (en quelque sorte son *numen,* sa puissance spirituelle), mais non à sa personne privée. Ses successeurs ne suivirent pas tous son exemple, et certains permirent au peuple de les aduler comme des dieux. L'empereur Caligula, qui croyait en sa nature divine ainsi qu'en son immortalité, se dédia à lui-même un temple où s'élevait sa statue en or fin, grandeur nature. Plus tard, l'empereur Vespasien, dit-on, se railla de ces prétentions à la divinité ; quand il sut qu'il allait mourir, il s'exclama en riant : « Je suis en train de devenir un dieu ! »

Mais, dans la plupart des cas, la fidélité et la dévotion du peuple conférant au régime impérial un fondement religieux, le culte impérial ne fut qu'un des rouages de la puissante machine gouvernementale.

Le règne, ou plutôt le « siècle » d'Auguste fut une période pendant laquelle on prit en compte le passé autant que l'avenir. On portait un grand intérêt aux origines de Rome. Tout un chacun connaissait l'histoire de Romulus et de la louve, et les événements dramatiques qui entourèrent la fondation de la cité.

Mais si l'on remontait plus loin encore dans le passé, on n'y trouvait pas de ces prestigieuses figures qui peuplent et rehaussent la mythologie grecque.

Ce fut sous le règne d'Auguste que vécurent quelques-uns des plus grands poètes romains, Ovide, Horace, Virgile, et l'historien Tite-Live. Leurs œuvres, où l'histoire réelle est tissée à la légende, aux éléments populaires, aux mythes, réinventèrent les origines héroïques de Rome et l'histoire de ses fondateurs, faisant intervenir les dieux et les héros, dans une épopée grandiose et flatteuse, digne d'Auguste et de son âge d'or.

CHAOS ⋋ NOX

EREBE

HEMERA ⋋ ETHER

GE

URANUS ⋋ GE

SCAMANDRE ⋋ IDA

OCEANUS ⋋ THETIS   RHEA/CYBELE ⋋ CRONOS/SATURNE

TEUCER

ELECTRE ⋋ ZEUS/JUPITER   HERA/JUNON POSEIDON/NEPTUNE PLUTON

BATEA ⋋ DARDANUS   DEMETER/CERES

ERICHTHONIOS   FAUNUS ⋋ MARICA

TROS

ILOS le Jeune   ASSARACUS   LATINUS ⋋ AMATA

LAOMEDON   CAPYS

PRIAM ⋋ HECUBE   ANCHISE ⋋ VENUS

HECTOR   CREUSE ⋋ ENEE ⋋ LAVINIE
                DEIPHOBE
CASSANDRE

PARIS ⋋ HELENE   ASCAGNE/IULE   SILVIUS (1er roi d'Albe)

                              Plusieurs générations

                                    PROCAS

                          NUMITOR   AMULIUS

Plusieurs générations   RHEA SILVIA ⋋ MARS

REMUS   ROMULUS (QUIRINUS) ⋋ HERSILIE (HORA)

JULES CESAR

AUGUSTE

Les héros qui sauvèrent Rome

LES RÉCITS SUIVANTS mettent en scène des figures de demi-dieux empruntées à la mythologie grecque, mais qui jouèrent un rôle dans l'histoire légendaire de Rome. Ces demi-dieux, nés d'un père divin et d'une mortelle, furent appelés des « héros » ; par leurs exploits surhumains, ils se haussèrent au rang des dieux et tous eurent un temple à Rome.

Hercule, qui est sans doute le plus grand des héros hellènes, portait en Grèce le nom d'Héraklès. D'après la légende, il fut persécuté durant sa vie entière par la déesse Héra (Junon), pour la simple raison qu'il était le fils que Zeus (Jupiter), son époux, avait eu d'une mortelle, Alcmène. Son premier exploit fut d'étrangler, alors qu'il était encore au berceau, deux serpents envoyés par Héra pour le dévorer. Et toute sa vie, il s'illustra par des actions prodigieuses où éclatait sa vigueur hors du commun. Jeune homme, il fut envoyé par la Pythie chez le roi Eurysthée, qui lui imposa toute une série d'épreuves et de travaux ; entre autres, il dut tuer le lion féroce de Némée et l'hydre de Lerne à neuf têtes, s'emparer de la ceinture de l'Amazone Hippolyte et des pommes d'or du jardin des Hespérides, enfin et surtout traîner Cerbère hors des Enfers. Une autre de ses entreprises périlleuses (il devait tuer Géryon, le géant à trois têtes et trois troncs, et dérober ses bœufs) l'amena en Italie, sur le site de la future Rome. Là, sa force et son courage furent une nouvelle fois mises à rude épreuve.

Lorsqu'Énée visita pour la première fois le roi Évandre, il le trouva en train de célébrer une fête dédiée à Hercule. Évandre et son peuple vivaient au bord du Tibre, à l'emplacement où Rome serait un jour bâtie. Ils vénéraient Hercule parce que celui-ci, quelques années auparavant, les avait délivrés d'un terrible monstre.

Ce monstre, nommé Cacus, habitait dans un antre, creusé à l'intérieur de la montagne toute proche. Fils du dieu Vulcain, il vomissait des tourbillons de flammes et de fumée par son énorme gueule. Il était mi-homme mi-satyre, d'une taille gigantesque, et doté d'un terrible appétit pour la chair, humaine surtout. L'entrée de son antre était jonchée des restes de ses victimes, et poisseuse de leur sang.

119

Les gens désespéraient de jamais venir à bout de la féroce créature. Ce fut alors qu'Hercule apparut, conduisant le troupeau de bœufs, récompense de sa victoire sur Géryon. Hercule s'installa pour passer la nuit entre les sept collines fameuses, tandis que son bétail s'abreuvait au fleuve et se reposait dans les prés.

Du fond de son antre, Cacus entendit mugir le troupeau, et il eut grande envie de s'offrir un bon repas. L'envie tourna bientôt à la frénésie : dérober du bétail au puissant Hercule était une tentation plus irrésistible encore.

Pendant qu'Hercule dormait, il lui vola donc quatre de ses belles bêtes, et les tira jusqu'à son repaire par la queue, afin que la marque des sabots, tournés vers l'extérieur de sa caverne, égarât les recherches de leur propriétaire. Du fond de son repaire, le rusé Cacus guetta le réveil d'Hercule et surveilla les préparatifs de son départ. Le héros ne prit point la peine de compter son troupeau, et ne se douta pas un instant qu'il lui manquait quelques têtes.

Tout en s'éloignant lentement, les animaux s'appelaient l'un l'autre, emplissant les collines de leurs mugissements. Les bêtes prisonnières de Cacus leur répondirent, d'une voix étouffée mais nettement perceptible. Alors Hercule comprit qu'il avait été volé, et cela le mit dans une colère terrible. Prenant sa lourde massue, il marcha d'un pas résolu vers la grotte d'où provenaient les mugissements. Cacus était allé puiser de l'eau; quand il vit venir à lui le redoutable Hercule, pour la première fois de sa vie il trembla, et lui qui d'ordinaire se déplaçait pesamment en raison de sa corpulence, talonné par la peur, bondit à toutes jambes vers sa demeure.

À l'entrée de la caverne, Vulcain avait suspendu par des chaînes un énorme rocher qui pouvait être abaissé en cas de danger suprême. Cacus brise les chaînes, et le roc s'abat dans un fracas épouvantable, juste à temps pour bloquer le passage. Hercule s'acharna un moment à essayer de déplacer la pierre, mais toute sa grande force n'y pouvait suffire. Comme une tempête furieuse, il fit trois fois le tour de la montagne dans l'espoir de trouver une brèche par où il pût pénétrer. En vain. Il dut renoncer, à bout de souffle.

Alors il aperçut, au sommet de la montagne, un piton rocheux où des rapaces avaient fait leur nid. Avec une force nouvelle, il escalada le flanc abrupt de la colline et, étreignant le piton de ses deux mains formidables, le secoua jusqu'à ce que le rocher ébranlé finisse par céder. Puis il l'arracha et le fit rouler violemment au bas de la montagne. La terre en tremblait, et le fleuve lui-même interrompit sa course. Une large ouverture béait maintenant à l'endroit où se dressait tout à l'heure le piton. Se penchant au-dessus de ce trou, Hercule vit Cacus tapi dans un coin de sa tanière, qui regardait avec effroi le visage courroucé de son ennemi. Hercule se mit aussitôt à jeter dans l'antre toutes sortes de projectiles, pierres et arbres déracinés.

Cacus rugissait de peur et de douleur. Se sentant pris au piège, le voilà qui crache des jets de flamme et des nuages d'une noire fumée qui obscurcissent sa caverne et le dérobent à la vue. Hercule agit promptement. Il s'élance dans la fournaise et s'avance à travers l'opaque fumée vers le foyer rougeoyant qui n'est autre que le gosier de Cacus. Alors il empoigne vigoureusement le monstre et, le serrant à la gorge, l'étrangle.

Alors que Cacus gisait mort à ses pieds, Hercule arracha les portes de son antre, et traîna le cadavre au-dehors, par les pieds. Les gens accourus contemplèrent avec horreur le hideux spectacle, les yeux exorbités du monstre, ses membres tordus, son poitrail hérissé, et sa terrible gueule noircie par les cendres et la fumée. Ils poussèrent un soupir de soulagement et, entourant leur libérateur, lui exprimèrent toute leur gratitude pour les avoir débarrassés à jamais de Cacus.

Quant à Hercule, il retira des restes fumants de la caverne les bêtes dérobées, et repartit avec son troupeau au pays du roi Eurysthée. Il ne revint jamais sur les lieux de ce combat, mais les gens ne l'oublièrent pas. Le jour même de sa victoire sur le monstre, ils lui élevèrent un autel et dès lors fêtèrent chaque année ce mémorable exploit.

En ces temps-là, les causes des maladies étaient fort peu connues. Cependant, on savait traiter les plus communes d'entre elles par l'usage de diverses plantes aux propriétés bienfaisantes. Comme bien d'autres événements inexplicables, on attribuait maladie et guérison à des influences surnaturelles, et l'on chargeait souvent les dieux du soin de sauver miraculeusement le patient.

Aux premiers temps de Rome, la cité fut ravagée par une terrible peste. Ce mal se répandait rapidement et les médecins étaient impuissants à combattre ses progrès. La situation empirant de jour en jour, on fit appel aux dieux. Ceux qui avaient vaincu la maladie se mirent en route vers le sanctuaire grec de Delphes où Phébus (Apollon) rendait ses célèbres oracles, et implorèrent ce dieu de délivrer Rome du fléau.

Apollon écouta la requête des suppliants et s'adressa à eux par l'intermédiaire de sa Pythie. Sa voix, montant des profondeurs du sanctuaire, faisait trembler le sol.

« Romains, disait-elle, mon fils Esculape peut vous aider. Mettez-vous à sa recherche et consultez-le. »

Esculape était le fils d'Apollon et d'une princesse royale, Coronis. Celle-ci mourut avant la naissance de l'enfant, mais le dieu parvint à arracher son fils aux flammes du bûcher funéraire et le confia à la garde du sage centaure Chiron qui lui enseigna les arts de la médecine et de la chirurgie. Toute la Grèce le vénérait pour ses pouvoirs magiques.

Qui voulait en ce temps-là recourir à Esculape devait se rendre à Épidaure, en Grèce, où se trouvait son principal sanctuaire. Les Romains firent voile vers Épidaure et chargèrent les plus anciens des prêtres du temple d'interroger le dieu : consentirait-il à venir en aide aux Italiens ?

Cela ne leur plaisait guère, aux Grecs, qu'Esculape exerçât son art en faveur d'étrangers, et ils trouvèrent mille prétextes pour les décourager. Or, cette nuit-là, tandis que les Romains dormaient, Esculape leur apparut en songe, comme il le faisait souvent pour ceux qui venaient implorer son secours. Il semblait se tenir debout, près de leurs lits, lissant d'une main sa longue barbe grise, et tenant dans l'autre son bâton. Autour de ce bâton s'enroulait un serpent, présage qui annonçait la guérison et le retour des forces.

Esculape parla avec bienveillance aux Romains :

« Ne craignez point. J'ai entendu votre prière désespérée, et je viendrai à Rome, sous les traits de mon serpent. Regardez-le bien, de façon à le reconnaître plus tard. Tel je serai, mais d'une taille infiniment plus grande. »

Le dieu disparut. Quand les Romains s'éveillèrent, la clarté du jour pénétrait déjà dans la pièce. Et déjà les prêtres d'Épidaure s'étaient rassemblés dans le temple, et demandaient au dieu de leur indiquer par un signe ce qu'il avait l'intention de faire à l'égard des Romains. Lorsque ceux-ci arrivèrent au sanctuaire, le sol tremblait et l'air était empli d'un lourd sifflement. C'était le signe imploré : le dieu apparut sous la forme d'un serpent gigantesque ; ses yeux étaient de braise, et il se redressait sur sa queue. Saisis d'épouvante, ses adorateurs s'enfuyaient en tous sens quand un des prêtres fit cesser la panique.

« Voici le dieu, cria-t-il. Nous devons faire silence en sa présence, et lui rendre hommage afin qu'il puisse nous bénir. »

Chacun obéit aussitôt. Le corps du serpent oscilla, ondula puis, toujours sifflant, il se coula hors du temple, glissa sur les marches du péristyle, et franchit la cour jonchée de fleurs en son honneur. Tout en rampant, il traversa la ville et se dirigea vers le port où il se hissa à bord du navire des Italiens. Sous le poids de l'énorme créature, le vaisseau s'enfonça profondément dans l'eau : il semblait trop étroit pour la contenir tout entière.

Les Romains furent si heureux de leur bonne fortune qu'ils sacrifièrent un taureau sur la plage avant de dénouer leurs amarres et de faire route vers la lointaine Italie. Leur passager était quelque peu encombrant, ses anneaux lovés occupaient tout l'espace sur le pont, et son cou reposait sur la poupe ; la tête inclinée pardessus bord, il regardait les tourbillons creusés par le sillage du bateau.

Enfin, le vaisseau atteignit l'embouchure du Tibre et remonta le fleuve jusqu'à la cité. Ceux qui n'étaient pas retenus sur leur grabat par la maladie affluèrent au port pour accueillir le dieu. Sur les autels dressés tout au long des berges, l'encens brûlait et déroulait dans l'air ses volutes aux âcres senteurs.

Aussitôt que le navire fut amarré au débarcadère, l'immense créature releva la tête et chercha du regard un lieu propice pour aborder. Puis elle se laissa glisser dans l'eau, déroulant lentement ses anneaux. Les gens, muets d'étonnement, la virent émerger à nouveau et grimper sur un îlot, au milieu du fleuve. Là, le serpent reprit un bref instant l'apparence du dieu Esculape puis disparut aux regards de l'assistance. De ce jour, la peste abandonna la ville, et les enfants de Rome purent jouir à nouveau d'une santé florissante.

Un sanctuaire fut érigé dans l'île et dédié au dieu bienfaisant. Comme tant d'autres foyers consacrés à Esculape, il devint une sorte d'hôpital où les malades affluaient dans l'espoir d'y être guéris de leurs maux. L'île elle-même fut sculptée en forme de navire pour commémorer la façon dont le dieu avait été amené à Rome. En même temps qu'Esculape, on y vénérait Épioné (l'Apaisante) sa femme, et Hygie (la Santé) sa fille. Lorsque les gens se rendaient au sanctuaire, ils priaient et offraient des sacrifices avant d'aller dormir. Le dieu leur apparaissait dans leurs rêves, et leur révélait le traitement nécessaire à la guérison de leurs maladies.

On considérait les serpents comme les serviteurs sacrés du dieu de la médecine parce que, changeant de peau chaque année, ils symbolisaient le renouveau des forces et l'éternelle jeunesse. Il semble qu'ils aient été parfois utilisés dans certaines cures; sans doute leur faisait-on lécher les plaies et les ulcères de certains patients.

L'hôpital du Serpent sacré fut le premier qu'ait connu Rome. De nos jours, un hôpital se dresse toujours sur le même emplacement mais il porte un autre nom.

Castor et Pollux, fils jumeaux de Léda, grande reine de Sparte, et de Jupiter, furent également vénérés dans la Grèce antique comme à Rome sous le nom des Dioscures (fils de dieu). Castor devint célèbre comme dompteur de chevaux, alors que son frère Pollux s'illustrait comme champion de pugilat. Après avoir couru de nombreuses aventures sur la terre, en récompense de leur exceptionnelle fraternité, ils furent à leur mort transportés dans le ciel où ils formèrent la constellation des Gémeaux (ou Jumeaux).

Le culte de Castor et Pollux était largement répandu dans toute la Méditerranée : les Spartiates les croyaient présents à leurs côtés dans les batailles, et les navigateurs invoquaient leurs secours pendant les tempêtes. Ce culte semble avoir atteint aussi l'Italie puisqu'on les retrouve, dès l'époque archaïque, vénérés par de nombreuses tribus latines. Comme les Spartiates et les Grecs, les Romains voyaient en eux les protecteurs des navigateurs.

Une légende célèbre raconte comment les jumeaux divins luttèrent aux côtés de Rome dans la bataille qui se déroula près du lac de Regillum. À cette époque, les Romains se trouvaient aux prises avec une puissante armée ennemie. Au plus fort de l'affrontement, alors que les troupes romaines étaient sur le point de connaître un désastre, Castor et Pollux apparurent dans la mêlée, montés sur des chevaux blancs et tout rutilants dans leur armure blan-

che. Encouragés par ce renfort inespéré, les Romains écrasèrent l'armée ennemie.

Les gens de la cité attendaient anxieusement des nouvelles du combat, quand les deux resplendissants cavaliers firent leur apparition à Rome, chevauchant côte à côte, et galopèrent jusqu'au Forum. Ils s'arrêtèrent devant le temple de Vesta, mirent pied à terre, et baignèrent leurs chevaux dans la fontaine sacrée qui coulait tout près de là. Quand ils eurent fini, ils se remirent en selle, partirent au galop vers les portes du temple, puis disparurent aussi soudainement qu'ils étaient venus.

Le peuple de Rome comprit que cette étrange apparition était non seulement le signe de la victoire mais encore la marque que, désormais, les dieux jumeaux accorderaient leur fidèle soutien à la cité et se tiendraient toujours aux côtés des Romains aux heures de détresse. On dédia un temple à Castor et Pollux, bâti sur le Forum à côté de celui de Vesta, et, depuis ce temps-là, ils furent honorés à l'égal des autres dieux de la cité de Rome.

Contes de métamorphoses

LE THÈME COMMUN aux histoires réunies sous ce titre est la métamorphose. Dans la première de ces histoires apparaît Vertumne, le dieu des Saisons, capable de changer de forme à volonté. Dans la seconde, la métamorphose de la Sibylle ne dépend pas entièrement des vœux de cette dernière, et prouve combien les devins eux-mêmes devaient se montrer prudents lorsqu'ils interprétaient les promesses des dieux. La troisième illustre la façon dont la Tristesse, le Dépit, la Colère — et la Magie — sont capables de changer profondément la vie des hommes. Enfin, la dernière décrit les transformations qui accompagnent chaque fois la venue d'un nouvel âge d'or.

Pomone, la nymphe des bois, vivait il y a très longtemps dans la campagne proche de la cité d'Albe la Longue. Mais à l'opposé des autres nymphes, elle n'aimait pas ces lieux sauvages. Rien ne lui plaisait autant que de cultiver des pommiers et elle se livrait passionnément à cette occupation. Jamais on ne la voyait plus heureuse que lorsqu'elle taillait, greffait ou arrosait ses arbres. Et afin qu'aucun mortel ne vînt l'importuner dans sa paisible tâche, elle avait entouré son verger d'une haute barrière.

Plus encore que la compagnie des mortels, elle redoutait les assauts des satyres et des faunes, génies des collines et des bois qui tous s'efforçaient de captiver son attention. Comment s'étonner qu'elle fût aimée et admirée, elle qui était toute jeune et si belle ? Parmi ceux qui aspiraient à être aimés d'elle se trouvait le jeune Vertumne, dieu présidant au changement des saisons. Et non seulement les saisons obéissaient à ses décrets, mais lui-même pouvait revêtir à son gré toutes les formes qu'il désirait. Aussi usait-il souvent de ce pouvoir pour approcher la belle Pomone. Il trouvait toujours un bon prétexte pour lui rendre visite; rien ne le charmait davantage que de la regarder, deviser avec elle, rien ne le pressait plus que le désir d'en faire sa femme.

Pomone ne se doutait nullement que sous des apparences si diverses — tantôt celle d'un laboureur, tantôt celle d'un moissonneur ou d'un vendangeur —, c'était toujours le même admirateur qui se présentait à elle. Il vint même un jour déguisé en guerrier, et une autre fois en pêcheur.

Ses métamorphoses étaient inépuisables, mais jamais il ne se montra sous ses propres traits. Quant vint l'automne et que les fruits pesaient aux branches des pommiers, Vertumne imagina un autre stratagème. Il revêtit l'aspect inoffensif d'une vieille femme et entra en clopinant dans le verger, feignant d'admirer les pommes. Puis, se tournant vers la nymphe :

« Tes fruits sont beaux, dit-il, mais tu es mille fois plus belle encore. »

Et la « vieille » s'assit dans l'herbe près de Pomone en lui prenant affectueusement la main. Ensuite Vertumne amena la conversation sur le mariage et fit l'éloge de... Vertumne : de tous les génies qui soupiraient après la nymphe, c'était bien lui qui ferait le meilleur époux, car nul ne l'égalait en vertus ni en ferveur dans l'amour. D'ailleurs, en tant que maître des saisons, il offrait bien des avantages.

« Imagine-toi, insistait la ''vieille'', persuasive, il peut prendre sans effort la forme que tu désires : ordonne-lui de se transformer en ce que tu voudras, il exécutera aussitôt tes ordres. Ce n'est pas qu'il ait vraiment besoin de changer d'apparence, car il est jeune et beau autant qu'une fille puisse le souhaiter. En outre, vous avez tous les deux les mêmes goûts, car il est le premier à admirer ton jardin et à vanter la beauté de ses fruits. »

Comme ces déclarations laissaient Pomone de marbre, Vertumne lui raconta l'histoire d'une princesse au cœur dur qui repoussa si cruellement son amoureux que celui-ci alla se pendre de désespoir.

« Souviens-toi que Vénus hait par-dessus tout les cœurs durs et les punit impitoyablement. La princesse dont je te parle fut changée en une statue aussi dure que son cœur. Tu peux d'ailleurs la voir au temple de Salamis, si tu ne me crois pas. »

Pomone restant insensible à ces menaces voilées, Vertumne, en désespoir de cause, ôta son déguisement et, pour la première fois, apparut à la nymphe avec son vrai visage de dieu, et ses yeux brillants d'amour. Il bouillait à tel point d'ardeur qu'il était prêt à enlever Pomone sans se soucier de son consentement. Ce ne fut pas nécessaire car, pour son grand bonheur, la nymphe éblouie rendit les armes, et tous deux tombèrent dans les bras l'un de l'autre. Et de ce jour, ils formèrent le couple le plus heureux.

La curieuse figure de la sibylle Déiphobé, prêtresse de Diane et d'Apollon, intervient dans un grand nombre d'épisodes de la mythologie romaine. C'est elle qui guide Virgile lors de son voyage aux Enfers, c'est elle qui vient vendre à Tarquin le Superbe les neuf précieux recueils de prophéties. On prenait réellement au sérieux ses oracles, censés être les propres paroles d'Apollon, et on la consultait aussi bien pour des questions d'ordre privé que pour les affaires publiques. Mais sa propre vie est une bien triste histoire.

Lorsqu'elle était jeune fille, le dieu Apollon s'éprit d'elle et voulut en faire sa maîtresse. Or, Déiphobé ne voulait accorder ses faveurs à personne, pas même à un dieu. Apollon insista et, pour la faire changer d'avis, promit d'exaucer son vœu le plus cher. Elle, regardant alentour, aperçut un monticule de sable et sut aussitôt que demander.

« Je souhaite vivre autant d'années qu'il y a de grains de sable dans ce tas », dit-elle.

Apollon tint sa promesse, mais Déiphobé se refusa encore à lui. Alors le dieu s'emporta :

« J'ai exaucé ton vœu, dit-il, et tu vivras pendant des siècles. Mais il est une chose importante que tu as oublié de me demander : c'est l'inaltérable jeunesse pour accompagner tant d'années. Toutefois, si tu consens à m'aimer, je t'accorderai d'être éternellement jeune.

— Jamais ! répondit la farouche sibylle. Laisse-moi devenir vieille et décrépite, si je dois acheter ma jeunesse à ce prix ! »

Ainsi, celle qui eût pu devenir une déesse fut condamnée à vivre une longue vie et à vieillir comme une simple mortelle. Au temps où Énée vint la voir, elle avait déjà sept cents ans. À mesure que passaient les années, elle se ratatinait et flétrissait, jusqu'à ce qu'il ne reste plus d'elle qu'une voix frêle qui proférait des oracles. Apollon lui-même, s'il avait pu l'apercevoir, se serait défendu de l'avoir jamais aimée. Cependant, sa voix demeura pour l'éternité et continua à transmettre aux hommes les messages des dieux.

Enchantements, sorcellerie, métamorphoses, sont des thèmes familiers dans les légendes de l'ancienne Italie. L'histoire qui suit se situe dans la contrée où Énée aborda, et à une époque antérieure à la fondation de Rome.

Le dieu Saturne avait un fils qui vivait jadis dans l'ancien Latium. Il s'appelait Picus et sa grande beauté inspirait de l'amour à toutes les nymphes et jeunes filles du pays. Dryades des montagnes et des bois, naïades des fontaines,

des ruisseaux, des rivières, le trouvaient si attirant qu'il eût pu choisir n'importe laquelle d'entre elles pour épouse. Mais lui s'éprit de la fille du dieu au double visage, Janus, qui vivait alors dans le voisinage.

Canente était le nom de cette jeune fille, fort agréable à voir mais plus encore à entendre : lorsqu'elle chantait, toute la nature l'écoutait. Les rochers versaient des larmes, les arbres se balançaient, les bêtes sauvages s'adoucissaient, les fleuves cessaient de couler, et les oiseaux en tombaient presque des nues. Janus jugea Picus un parti fort convenable pour sa fille, et les jeunes gens purent s'épouser.

Un jour, tandis que Canente emplissait la maison de sa voix mélodieuse, Picus décida d'aller chasser le sanglier dans la forêt voisine. C'était un excellent cavalier, qui avait fière allure sur son coursier, avec son manteau pourpre jeté sur l'épaule et que retenait une agrafe d'or, et ses deux lances bien droites dans sa main. À la tête d'une troupe de compagnons, il galopa à travers champs et arriva bientôt à la forêt.

126

Ce même jour, la déesse Circé se promenait dans les bois, à la recherche d'herbes et de fleurs rares. Fille d'Hélios, l'ancien dieu du Soleil, elle excellait dans tous les arts de la magie, et possédait même, disait-on, le pouvoir de changer les hommes en animaux.

Le galop des chevaux qui se rapprochaient lui fit lever la tête. Elle vit Picus menant la troupe, elle ne vit que lui. Un seul regard avait suffi et maintenant, accablée par une faiblesse étrange, elle laissa tomber à terre les plantes qu'elle venait de cueillir. Elle avait le visage en feu, ses mains étaient de glace. Un désir impérieux brûlait sa poitrine : avouer sa passion, aussi violente que soudaine, au beau Picus. Elle le héla, mais sa voix se perdit sous les arbres. Alors, de désespoir, elle eut recours à ses pouvoirs magiques pour prendre le jeune homme au piège. Avec de l'ombre, elle façonna un sanglier qu'elle envoya courir devant les chevaux, sûre que Picus serait le premier à l'apercevoir.

Comme Circé l'avait prévu, Picus aperçut le sanglier et se lança en criant à sa poursuite, sans

se douter de l'artifice. Il s'enfonça à sa suite dans l'épaisseur de la forêt; sa proie maintenait entre eux une distance juste suffisante. Mais le hallier devenait si dense que le cheval de Picus ne put y pénétrer. Picus sauta à terre et poursuivit à pied, inconscient du danger qui le menaçait.

Usant de ses sortilèges, Circé fit naître un épais brouillard qui enveloppa soudain la forêt dans un blanc suaire. Tandis qu'elle chantait ses incantations, le ciel s'assombrissait et du sol s'élevaient des volutes de brume. La magicienne savait où se trouvait Picus. Elle lui apparut tout à coup et lui dit avec douceur :

« Daigne accorder ton amour à une déesse, ô fils de Saturne. Ta beauté m'a conquise. Tu es si jeune, si charmant. Ne sois pas farouche. Allons, accepte Circé pour ton amante. »
Picus lui fit front fermement :
« Déesse ou mortelle, qui que tu sois, cela ne se fera pas, car j'ai donné mon amour à une femme et elle le gardera éternellement. Laisse-moi. »
Circé n'allait pas renoncer si facilement. Elle parla encore, déployant tout son charme et sa persuasion. Rien ne fit fléchir Picus tant était fort son amour pour Canente. Alors la magicienne perdit tout son sang-froid.
« Tu regretteras ton stupide entêtement, fulmina-t-elle. Crois-tu que je me laisserai repousser impunément ? Tu vas connaître ce dont Circé est capable quand on l'irrite ! »
Et, résolue à ce que Picus ne revoie jamais son épouse chérie, la magicienne fit appel à son art maléfique. Deux fois, elle s'inclina vers l'est, deux fois vers l'ouest. Trois fois elle toucha Picus de sa baguette, trois fois elle récita les paroles enchantées. Picus, pétrifié d'horreur, voulut s'enfuir vers les buissons. Comme le brouillard s'enroulait autour de lui, il sentit qu'il s'élevait de terre et se mettait à voler. Ses bras battaient comme des ailes, son corps se recouvrait de plumes vertes. Le manteau qu'il portait devenait une rouge livrée, tandis que son agrafe d'or formait autour de son cou un collier jaune vif. Picus était devenu un oiseau, et la métamorphose était si complète qu'il ne resta de lui que son nom : il était devenu un pivert *(Picus viridis)*, et ces oiseaux portèrent dès lors son nom.

Se rebellant contre son sort, le pic vola entre les arbres, s'agrippant à leurs troncs et piquant du bec l'écorce comme le font depuis lors les piverts.

Pendant ce temps, les chasseurs cherchaient leur compagnon et parcouraient les bois sans cesse de crier son nom. Picus les entendait, mais il lui était désormais impossible de répondre dans le langage des hommes. Il essaya de le faire, mais seul un cri rauque et sauvage jaillit de son gosier plumeux.

Le soleil et la brise avaient dissipé le brouillard, ce qui aurait dû faciliter les recherches, mais, à la place de Picus, les chasseurs découvrirent Circé qui se cachait derrière les arbres et, du premier coup d'œil, ils reconnurent en elle une magicienne. Ils l'entourèrent, la lance levée, soupçonnant qu'elle avait ensorcelé Picus.
« Rends-nous notre maître, sinon nous te tuerons ! » menacèrent-ils.
Circé s'accroupit devant eux et, avant qu'il aient pu comprendre ce qu'elle faisait, elle pivota sur elle-même et les aspergea tous d'une liqueur empoisonnée. Invoquant les dieux de la Nuit et la déesse des Magiciens, la sombre Hécate, elle réclamait d'une voix aiguë leur assistance. La terre gémit, les arbres blanchirent comme saupoudrés de givre, du sang ruissela dans l'herbe, les rochers grondèrent, des chiens aboyèrent, de noirs serpents sortirent des fentes du sol, et des fantômes silencieux passèrent dans l'air frissonnant. Tremblant de frayeur, les chasseurs n'osaient faire un pas. Circé les toucha un à un de sa baguette, et ils se retrouvèrent changés en bêtes sauvages, condamnées à errer dans les bois.

Le soir venu, Canente commença à s'inquiéter de ce que Picus n'était toujours pas rentré. Elle envoya des serviteurs munis de torches à sa recherche, mais ils revinrent sans avoir rien trouvé. Au milieu de la nuit, la jeune femme n'y tint plus et partit elle-même fouiller les champs et la forêt, courant éperdument, appelant sans cesse son mari. Elle erra ainsi pendant six jours et six nuits, sans manger ni dormir, jusqu'au moment où, d'épuisement, elle s'effondra dans l'herbe, au bord du Tibre, et resta là, à pleurer toutes les larmes de son corps. Et tandis qu'elle chantait tout bas son affliction, son corps noyé dans les larmes finit par fondre et disparaître.
Mais les dieux prirent en pitié la fille à la voix mélodieuse qui était morte d'amour. Ils la nommèrent Camène et rendirent sa voix immortelle : écoutez le ramage plaintif des fontaines, et vous la reconnaîtrez.

Selon les Anciens, l'âge d'or fut une période quasi paradisiaque qui marqua les débuts de l'histoire du monde, et qui devait revenir à la fin d'un long cycle. Le thème de l'âge d'or alimente de nombreux mythes et se retrouve dans toutes les civilisations. D'après la conception grecque, l'humanité connut à l'origine une existence heureuse sous le règne de Cronos (Saturne). Zeus (Jupiter) y mit fin en détrônant son père, et d'autres âges moins heureux suivirent.

Durant l'âge d'or, les hommes vécurent dans la paix, la justice et la confiance mutuelle. Le mal n'existait pas; jamais on n'entendait retentir les trompettes guerrières ni le choc des armes : nul besoin de remparts pour se protéger de l'ennemi. Les animaux eux-mêmes vivaient en paix entre eux et avec les hommes. Le travail n'était pas nécessaire, la terre portait d'elle-même de généreuses récoltes de fruits, le lait et le vin se trouvaient en abondance, et « la ronce distillait le miel ». Il n'y avait qu'une seule saison, un éternel printemps, où les zéphyrs soufflaient une brise rafraîchissante, où la pluie et le soleil alternaient heureusement.

Cette ère d'innocence et de bonheur s'acheva avec la mort du vieux Saturne; l'âge d'argent, régi par Jupiter, lui succéda. Alors l'année se divisa en saisons distinctes, les hommes durent construire des abris pour se protéger des intempéries, et il leur fallut labourer la terre. Vint ensuite l'âge d'airain où la discorde et les guerres envahirent le monde; le mal s'insinuait parmi les hommes et progressait. Et le cycle s'achevait avec l'âge de fer, où ne régnaient plus que la peur, l'envie, la haine, et où la nature devint avare de ses dons.

Certains philosophes de l'Antiquité affirmaient que ce cycle devait se répéter indéfiniment, et attendaient la fin de l'âge de fer qui devait inaugurer le retour de l'âge d'or.

Dans la IVe Églogue de ses *Bucoliques,* le poète Virgile reprend cette tradition et annonce la venue d'un enfant merveilleux, qui sera le premier-né de ce nouvel âge d'or. Il prévoit que de grands bouleversements vont se produire, que le monde va être changé de fond en comble et connaître à nouveau le bonheur.

« Enfin le dernier âge prédit par la prophétie de Cumes est arrivé. Le Temps a accompli son cycle, le grand ordre des siècles recommence. Voici que revient Saturne, ramenant l'âge d'or et la justice sur la terre. L'humanité sera affranchie de la peur, de la souffrance et du mal. Les ténèbres feront place à la lumière. Le premier-né de la race nouvelle descend des hauteurs célestes, que Lucine protège sa naissance !

« Cet Enfant aura part à la vie des dieux, il verra les héros mêlés aux divinités, et il gouvernera le monde pacifié par les vertus de son père.

« Pour honorer ta venue, Enfant, la nature produira d'elle-même ses dons, les lierres rampants, et le baccar, et les colocases mariées à la riante acanthe. Ton berceau sera tressé de fleurs délicates et caressantes. La chèvre, ses pis gonflés de lait, rentrera saine et sauve au bercail sans le secours du berger, le bœuf ne craindra plus le lion puissant. Le serpent perdra son venin, de même la plante vénéneuse, et la terre se couvrira de fleurs odorantes.

« Et pendant ton adolescence, les plaines blondiront sous les riches moissons d'or, la vigne sauvage ploiera sous les grappes vermeilles, une rosée de miel coulera de l'écorce des chênes durs.

« Pourtant, tous les vestiges de la malice passée ne seront pas totalement effacés et pousseront encore les hommes à sillonner les mers, à construire des remparts autour de leurs cités, à creuser des sillons dans la terre. Les Héros repartiront quêter la Toison d'or; il y aura même une autre Grande Guerre contre une nouvelle Troie.

« Lorsque tu auras atteint l'âge d'homme, Enfant, tout commerce cessera. Les navires marchands seront retirés des mers, chaque pays produira toutes les denrées nécessaires. La glèbe ne subira plus la houe, ni la vigne la serpe ; et le robuste laboureur libérera les taureaux de leur joug. Teindre la laine ne sera plus nécessaire dans les prés, le bélier fournira de lui-même une toison aux couleurs variées, tantôt le pourpre du murex, tantôt le safran doré; spontanément, les agneaux à la pâture se revêtiront d'écarlate.

« Filez de tels siècles », ont déjà ordonné les Parques à leurs fuseaux, tissez le modèle du nouvel âge à venir ». Toutes trois se sont prononcées, l'ordre immuable des destins ne peut plus être changé.

« Le temps est venu d'apparaître, Enfant chéri des dieux. Ta merveilleuse carrière va s'ouvrir. Déjà la voûte du firmament tressaille de joie. Les vastes terres, les étendues marines, le ciel sans limite, toute la création se réjouit dans l'attente du nouvel âge d'or. »

LES SYMBOLES
DANS LA MYTHOLOGIE ROMAINE

En tête de chaque chapitre, l'artiste a illustré certains objets et symboles relatifs aux personnages et aux événements du récit.

P. 11 **LA CITÉ QUI CONQUIT LE MONDE.**
Les faisceaux, assemblage de verges liées autour d'une hache, étaient portés par des licteurs devant le roi, comme emblème de son autorité et, sous la République, devant les grands magistrats, comme symbole du pouvoir législatif et administratif. Les autres détails illustrent des réalisations militaires ou techniques des Romains.

P. 17 **LES DIEUX DOMESTIQUES.** Lares et Pénates, dieux de la maison et du garde-manger, avec le serpent représentant le génie familial, le feu (consacré à Vesta), et d'autres symboles rituels liés aux grands événements de la vie familiale : naissance, puberté, mariage, mort.

P. 19 **LES DIEUX DE LA CITÉ ET DE L'ÉTAT.** En haut, l'aigle et la couronne de laurier, symboles de Rome, sont placés dans un monument qui représente les temples et les édifices importants dans la vie et la religion romaines. Au centre, Jupiter, maître des dieux romains, tient un bâton et une foudre stylisée, son attribut personnel qui symbolise aussi le pouvoir de Rome. De même, l'aigle était associé à la fois à Jupiter et à Rome. L'épée représente la puissance militaire romaine.

P. 25 **DIVINITÉS INFERNALES.** Le papillon signifie l'âme retournant à la terre. On plaçait des fleurs sur les tombes lors des Parentalia, et sur le corps des défunts et les bûchers funéraires. En bas, Pluton, avec son masque de loup qui dénote sa nature dévorante.

P. 32 **LA LÉGENDE D'ÉNÉE.** Le cheval de Troie ; en haut, Céléno, la terrible Harpie, et le casque d'Énée. A l'arrière-plan, l'éclair symbolise les tempêtes qui retardèrent Énée, et la présence des dieux. En bas, le tourbillon de Charybde et le monstre Scylla.

P. 40 **DIDON ET ÉNÉE.** Épave troyenne jetée sur le rivage où la flotte a pris refuge. En bas, Didon, la reine de Carthage.

P. 51 **LE RAMEAU D'OR.** D'après la tradition, c'était du gui poussant sur un chêne (arbre consacré à Jupiter), ce qui est plutôt rare : de là son caractère sacré. Au-dessous, Charon le passeur avec Cerbère, le gardien à trois têtes des Enfers, les ombres des morts et, tout en bas, les Champs Élysées en fleurs.

P. 58 **LA GUERRE DU LATIUM.** En haut, les portes ouvertes signifient la proclamation de la guerre. La tête d'Alecto, la Furie qui provoqua le conflit, est entourée des abeilles qui se posèrent sur le laurier sacré, dans la cour du palais de Latinus. Alecto tient une branche de laurier.

P. 61 **LE BOUCLIER D'ÉNÉE.** L'armure d'Énée, forgée par Vulcain et les Cyclopes, à la prière de Vénus. Sur le bouclier, des scènes illustrent l'avenir de Rome.

P. 64 **LE SIÈGE.** Les hommes d'Énée montent la garde. Au-dessous, les divinités marines en quoi furent changés les navires troyens.

P. 69 **LA GRANDE BATAILLE.** Jupiter, Mars, Vénus, Diane et Junon commentent la bataille. Au-dessous, le retour de la flotte d'Énée. Parmi les combattants figure la guerrière Camille.

P. 77 **LA MORT DE TURNUS.** Le duel de Turnus et d'Énée.

P. 80 **ROMULUS ET REMUS.** En haut, la nouvelle cité de Rome, sur le mont Palatin, avec les jumeaux Romulus et Remus. Au-dessous, la louve (dédiée à Mars) qui les allaita. En bas, le songe de Rhea Silvia : les arbres jumeaux qui poussent de sa tête symbolisent les deux fils qu'elle va enfanter.

P. 87 **L'ENLÈVEMENT DES SABINES.** Mars vient chercher Romulus pour l'emmener vers le séjour des dieux. Au-dessous, les Romains s'emparent des Sabines.

P. 93 **LE SAGE NUMA.** Le bosquet sacré d'Égérie. Deux prêtres brûlent l'encens et offrent des libations aux dieux : symbole du retour du peuple à la piété religieuse sous le règne de Numa.

P. 96 LA DYNASTIE DES TARQUINS. Un aigle, symbole divin, et le présage annonçant à Tarquin qu'il serait roi. A l'arrière-plan, la maison du Sénat, et les pierres qui tombèrent du ciel pour rappeler aux hommes leurs devoirs religieux.

P. 101 TARQUIN LE SUPERBE. La Sibylle avec cinq de ses livres sacrés. A ses pieds, les fleurs décapitées par Tarquin pour signifier son ordre d'éliminer les citoyens influents de Gabies.

P. 105 LES DÉBUTS DE LA RÉPUBLIQUE. Le décor d'arbres et de feuillage symbolise Sylvain, la voix de la forêt. Au-dessous, le pont défendu par Horatius Coclès. Caius Mucius tient sa main au-dessus du brasier pour marquer son mépris de la souffrance.

P. 111 L'ESSOR DE ROME. La Citadelle sur le Capitole ; les oies sacrées de Junon protègent les Romains des Gaulois. Ces derniers, sans respect pour la religion et l'État romains, détruisent les images sacrées. Le caractère sauvage de ces Barbares, contrastant avec l'ordre romain, transparaît dans le tumulte mêlant hommes et chevaux.

P. 116 HÉROS ET EMPEREURS. Jules César, Auguste (le premier empereur) et Caligula.

P. 119 LES HÉROS QUI SAUVÈRENT ROME. Le bâton d'Esculape, emblème international de la science médicale et des médecins.

P. 124 CONTES DE MÉTAMORPHOSES. Les pommes symbolisent Pomone, la nymphe des bois (son nom dérive du latin *pomus*, pomme ou pommier), amoureuse des vergers. Picus, transformé en pivert par Circé. Fleurs et animaux signifient l'éternel printemps de l'âge d'or, mais les petits animaux représentent aussi les chasseurs, compagnons de Picus, que Circé métamorphosa.

Chronologie

Avant Jésus-Christ

Vers 1190-1180 ? Début probable de la guerre de Troie.

Vers 1000. Des tribus indo-européennes viennent s'établir dans le Latium. Village de bergers sur le Palatin.

753. Fondation de Rome par Romulus.

753-716. Règne de Romulus. Enlèvement des Sabines.

716-672. Règne de Numa Pompilius.

672-640. Règne de Tullus Hostilius.

640-616. Règne d'Ancus Martius.

Les rois étrusques :

616-578. Règne de Tarquin l'Ancien

578-534. Règne de Servius Tullius

534-509. Règne de Tarquin le Superbe

509. Avènement de la République. Junius Brutus consul.

Vers 500. Épisodes héroïques d'Horatius Coclès et de C. Mucius Scaevola. Coriolan.

395. Prise de Véies par Camille.

390. Brennus et ses Gaulois prennent Rome et la pillent. Épisode des oies du Capitole. Camille bat Brennus.

264-241. La première guerre Punique s'achève sur la victoire de Rome.

218-201. Deuxième guerre Punique. Victoire de Rome sur Carthage.

Fin du IIe s. Conquête de l'Orient grec.

149-146. Troisième guerre Punique. Prise et destruction de Carthage par Rome.

82. Dictature de Sylla.

70. Naissance de Virgile, auteur des *Bucoliques,* des *Géorgiques* et de *l'Énéide.*

64 ou 59 ? Naissance de Tite-Live, auteur d'une *Histoire de Rome* en 144 volumes.

60. Début de la rivalité entre Pompée et Jules César.

58-50. Jules César dirige la guerre des Gaules. Prise d'Alésia.

48. Jules César bat Pompée à Pharsale, en Grèce.

46. Retour triomphal de Jules César à Rome. Il est nommé dictateur pour dix ans.

44. Assassinat de Jules César en plein Sénat.

43. Naissance d'Ovide, le poète qui écrivit *les Métamorphoses.*

31. Octave, neveu et fils adoptif de Jules César, bat Antoine à Actium.

27. Le Sénat donne à Octave le titre d'Auguste. Début de l'Empire.

19. Mort du poète Virgile.

Après Jésus-Christ

14. Mort d'Auguste.

17. Mort de l'historien Tite-Live.

17 ou 18 ? Mort du poète Ovide.

Imprimé en Italie